John Coleman

DIE ROTHSCHILD-DYNASTIE

John Coleman

John Coleman ist ein britischer Autor und ehemaliges Mitglied des Secret Intelligence Service. Coleman hat verschiedene Analysen über den Club of Rome, die Giorgio Cini Foundation, das Forbes Global 2000, das Interreligious Peace Colloquium, das Tavistock Institute, den schwarzen Adel sowie andere Organisationen, die der Thematik der Neuen Weltordnung nahe stehen, erstellt.

Die Rothschild-Dynastie

The Rothschild Dynasty

Aus dem Englischen übersetzt und veröffentlicht von Omnia Veritas Limited

© - Omnia Veritas Ltd - 2022

www.omnia-veritas.com

Alle Rechte vorbehalten. Kein Teil dieser Publikation darf ohne vorherige Genehmigung des Herausgebers in irgendeiner Form vervielfältigt werden. Das Gesetz über geistiges Eigentum verbietet Kopien oder Vervielfältigungen, die für eine kollektive Nutzung bestimmt sind. Jede vollständige oder teilweise Darstellung oder Vervielfältigung durch ein beliebiges Verfahren ohne die Zustimmung des Herausgebers, des Autors oder ihrer Rechtsnachfolger ist rechtswidrig und stellt eine Fälschung dar, die nach den Artikeln des Gesetzes über geistiges Eigentum bestraft wird.

VORWORT **13**

KAPITEL 1 .... **20**

WIE EIN LUMPENHÄNDLER ZU EINEM DER REICHSTEN MÄNNER DER WELT WURDE. 20

KAPITEL 2 .... **26**

MAYER AMSCHEL UND FÜNF SEINER SÖHNE ERLEBEN EIN GLÜCKLICHES ENDE 26

KAPITEL 3 .... **32**

DIE ROTHSCHILDS HALTEN EINZUG IN DIE EUROPÄISCHE HIGH SOCIETY. 32

KAPITEL 4 .... **37**

DIE MAUERN VON JERICHO [FRANKFURT] STÜRZEN EIN. 37

KAPITEL 5 .... **41**

DIE ROTHSCHILDS PLÜNDERN DIE FÜNF GROßMÄCHTE AUS. 41

KAPITEL 6 .... **49**

BENJAMIN DISRAELI: EIN SPION IM DIENSTE DER ROTHSCHILDS. 49

KAPITEL 7 .... **56**

ZEUGNISSE DER SCHRECKEN DER FRANZÖSISCHEN REVOLUTION 56

KAPITEL 8 .... **64**

BISMARCK ENTHÜLLT DIE "HOHEN FINANZKREISE, DIE EUROPA BEHERRSCHEN". ... 64

KAPITEL 9 .... **71**

EIN SEHR VERNACHLÄSSIGTER ASPEKT DER NEGERSKLAVEREI IN AMERIKA 71

KAPITEL 10 .... **81**

NATHAN ROTHSCHILD SALDIERT DIE FRANZÖSISCHEN SCHULDEN 81

KAPITEL 11 .... **92**

FRANKREICH ÜBERLEBT DEN ANGRIFF DER KOMMUNISTEN. 92

KAPITEL 12 .... **102**

SALOMON ROTHSCHILD ZEIGT SEINE FINANZKRAFT. 102

KAPITEL 13 .... **118**

DIE GESELLSCHAFT DER NATIONEN: EIN VERSUCH, EINE EINHEITLICHE
WELTREGIERUNG ZU ETABLIEREN. 118

KAPITEL 14 .... **123**

DIE BRITISCHE REGIERUNG VERRÄT DIE ARABER UND LAWRENCE VON ARABIEN. 123

KAPITEL 15 .... **130**

EIN HINTERHÄLTIGER DOPPELTER DISKURS 130

KAPITEL 16 .... **140**

DAS "PERFIDE ALBION" WIRD SEINEM RUF GERECHT. 140

KAPITEL 17 .... **148**

EIN DREIERKARUSSELL ENTSCHEIDET ÜBER DAS SCHICKSAL PALÄSTINAS............ 148

KAPITEL 18 .... **154**

DIE ZIONISTEN ÜBERNEHMEN PALÄSTINA... 154

KAPITEL 19 .... **159**

DIE ROTHSCHILDS GRÜNDEN EINE ZENTRALBANK IN AMERIKA. 159

KAPITEL 20 .... **166**

DIE VERFASSUNG DER VEREINIGTEN STAATEN WIRD VON KORRUPTEN
GESETZGEBERN IM AUFTRAG DER ROTHSCHILDS MIT FÜßEN GETRETEN. 166

KAPITEL 21 .... **174**

DIE ROTHSCHILDS VEREITELN DIE AMERIKANISCHE VERFASSUNG 174

KAPITEL 22 .... **181**

DIE ROTHSCHILDS ZERSCHLAGEN DAS HAUS DER LORDS 181

KAPITEL 23 .... **190**

ROTHSCHILDS STELLVERTRETER FINANZIERTE DEN ANGRIFF AUF RUSSLAND. 190

KAPITEL 24 .... **198**

EINIGE MEINUNGEN ÜBER DIE ROTHSCHILDS, IHRE ROLLE IM KRIEG, IN DER REVOLUTION UND IN FINANZIELLEN INTRIGEN. 198

BEREITS ERSCHIENEN **204**

Der Autor von *The Committee of 300*, Dr. John Coleman, erzählt, wie Mayer Amschel, der Gründer der "Red Shield"-Dynastie, sein erstes Vermögen erworben hat. Es ist weit entfernt von den Mythen und Legenden, die sich noch immer um den Mann ranken, der als Lumpenhändler und Pfandleiher begann und in einem kleinen Haus in der Judenstraße in Frankfurt am Main, Deutschland, arbeitete, wo er mit seiner Frau und seiner Familie lebte.

Historische Ereignisse werden oft von einer "verborgenen Hand" verursacht, die hinter den Kulissen die Fäden für Könige, Prinzen und Potentaten zieht. Dieses Phänomen wird erklärt und die Legenden, die sich um die Rothschilds entwickelt haben, werden in diesem Buch analysiert. Es enthüllt auch, wie die Intrigen der Rothschilds Männer wie Napoleon und Zar Alexander II. von Russland zu Fall brachten.

Die Legende besagt, dass das "Genie und die finanziellen Fähigkeiten" von Mayer Amschel Rothschild von seinen Söhnen vererbt wurden. Die Wahrheit ist jedoch ganz anders, wie Dr. Coleman in dieser gut recherchierten Geschichte sehr deutlich macht, die weit über die bekanntesten Legenden hinausgeht, die den wahren Charakter der berühmten Familie verbergen.

Es ist faszinierend zu lesen, wie Mayer Amschel Rothschild Glück hatte und welche Maßnahmen er ergriff, um seine Familie zu den "virtuellen Herrschern von ganz Europa" zu machen.

Dieses außergewöhnliche Buch befasst sich nicht nur mit der Vergangenheit, sondern auch mit der Gegenwart und der Zukunft. Es wird helfen, viele Ereignisse zu erklären, die normale Menschen ratlos machen, wie den Irakkrieg und die Kriegsdrohungen gegen den Iran.

VORWORT

Die Familie Rothschild, die ursprünglich aus dem Vater und seinen fünf Söhnen bestand, ist wahrhaftig die Geschichte einer ergriffenen Gelegenheit, eines entschlossenen Willens, riesige Gewinne zu erzielen und in die aristokratische Welt einzutreten, die sie nicht wollte. Manche mögen es für eine Frechheit halten, das immense Vermögen, das in die Hände und unter die Kontrolle von Mayer Amschel Rothschild gelangte, als "Gelegenheit" zu bezeichnen, während andere meinen, dass es sich um nicht mehr und nicht weniger als die Veruntreuung der ihm anvertrauten Gelder handelte, was kaum eine "Gelegenheit" im allgemein anerkannten Sinne des Wortes ist.

Dennoch war es für Mayer Amschel ein Glücksfall, der es ihm ermöglichte, aus einem Leben als Pfandleiher und Verkäufer von Gebrauchtwaren auszubrechen und in die höchsten Kreise der Macht aufzusteigen - eine bemerkenswerte Leistung, wenn man die Geschichte der damaligen Zeit betrachtet, in der die Juden zahlreichen Zivilgesetzen unterworfen waren, die darauf ausgelegt waren, eine ständige Barriere zwischen ihnen und den Bewohnern der Fürstentümer und Nationen, in denen sie lebten, zu bilden. Die Klassenunterschiede stellten ein weiteres großes Hindernis dar, das selbst für einen Nichtjuden, der nicht zur herrschenden Aristokratie gehörte, entmutigend gewesen wäre.

Es gab keine Klassenmobilität und die Trennung war hart und wurde strikt durchgesetzt, insbesondere in Frankfurt am Main in Deutschland, wo die Rothschild-Dynastie ihre bemerkenswerte Geschichte begann. Mayer Amschel Rothschild erhielt nur wenig oder gar keine formale Bildung; seine Familie hatte kein Motto, aber was er hatte, waren Hartnäckigkeit und ein starker Glaube an seine Religion. Er stammte aus einem bürgerlichen Haushalt, einem "fremden" Haushalt im Frankfurter Ghetto.

Dank Einfallsreichtum und dem, was einige unfreundliche Kritiker als "angeborene Schläue" bezeichneten, gelang es Mayer Amschel Rothschild, in die berauschende Welt der aristokratischen Familien einzudringen, die ihn mieden oder sogar verachteten. Hätte er nicht das "Glück" (oder "Pech", je nachdem, auf welcher Seite man steht) gehabt, den Landgrafen von Hessen kennenzulernen, wäre Mayer Amschel Rothschild für den Rest seines Lebens ein obskurer Pfandleiher und Hausierer von Lumpen geblieben. Er musste sich nicht als Jude identifizieren, eine Abstammung, auf die er stolz war, und Mayer Amschel hat nie versucht, seine Herkunft zu verbergen. Im Gegenteil, er war stolz darauf, selbst angesichts der unerbittlichen Opposition, die auf den Juden in Frankfurt lastete und die sich auf alle Nationen Europas erstreckte.

England, die "zivilisierteste" der europäischen Nationen, wie uns die Geschichte glauben machen will, war besonders heftig in seiner Ablehnung der Juden. Selbst seine Galionsfiguren, gebildete Männer, zögerten nicht, sich in den am wenigsten schmeichelhaften Worten auf die Juden zu beziehen.

Lord Gladstone bezog sich zum Beispiel oft auf Disraeli, den "Diener" der Rothschilds, als "diesen abscheulichen Juden", so Gladstones Biograf Edward Freeman. Bischof Wilberforce bezeichnete Disraeli in wenig schmeichelhafter Weise als "orientalischen Juden".

Bismarck nannte ihn "den hebräischen Zauberkünstler" und Carlyle bezeichnete ihn als "absurden kleinen Juden".

Ich erwähne diese Dinge nur als Beispiele, um zu zeigen, mit welchen enormen Schwierigkeiten selbst die gebildetsten Juden konfrontiert waren, die im 18.^{e} und 19.^{e} Jahrhundert nach Macht in der Geschäfts- und Finanzwelt strebten. Einige Historiker und Schriftsteller behaupten, dass die Rothschilds ihre Geschichte und ihre Errungenschaften erfunden haben, um an die Macht zu gelangen. Ihre unwiderstehliche Präsenz hat in der Geschichte einen großen Unterschied gemacht und man kann mit Fug und Recht behaupten, dass es kein wichtiges Ereignis im politischen und wirtschaftlichen Leben der europäischen Nationen gibt, an dem die Rothschilds nicht in irgendeiner Weise beteiligt waren, auch wenn dies tief verborgen wurde.

In den Köpfen vieler Menschen werden die Rothschilds immer mit immensem Reichtum in Verbindung gebracht, aber es ist die Macht, die dieser Reichtum mit sich bringt, die nicht so anerkannt wird, wie sie es sein sollte. Die Rothschilds strebten nämlich nicht nur nach immensem Reichtum, um ein wohlhabendes Leben führen zu können. Sie strebten nach Reichtum, weil er ihnen die Kontrolle über die wichtigsten politischen Kräfte in allen Nationen verschaffte, über die sie eine bis heute andauernde Kontrolle über eben diese Nationen ausübten. Die Rothschilds lebten nicht isoliert; im Gegenteil, sie beeinflussten Millionen von Leben. Lionel Rothschild betrachtete sich gerne als einzigartig, und das mag auch stimmen. Es stimmt, dass er wie seine Brüder außergewöhnlich reich war, aber sein Reichtum wurde nie öffentlich bekannt. Eines ist falsch: Die Rothschilds haben ihr Vermögen nicht durch die Inflation der Währung der Nationen, unter denen sie lebten, gemacht. Es gibt keine echten Anhaltspunkte, die uns in den wahren Charakter der Mitglieder der Rothschild-Familie führen und was sie zu einer Besessenheit von Geld und einem unersättlichen Appetit auf Macht trieb.

Meistens müssen wir raten, was in den Köpfen dieser mächtigen Familie vorging, die entschlossen war, die heimlichen Herrscher Europas und Großbritanniens, ja der ganzen Welt zu werden. Es ist nicht so, dass ihnen ein schönes Aussehen oder eine angenehme Art zu sprechen, die natürlichen Attribute der irischen Rasse, geholfen hätten. Im Gegenteil, sie waren nach allgemeiner Ansicht von hässlichem Aussehen und rohem Benehmen. Meyer Amschel sprach in Frankfurter gutturalem Jiddisch, einer Mischung aus Polnisch und Deutsch mit Ausdrücken aus der hebräischen Sprache.

Die Bildung, die er seinen Kindern zukommen ließ, ging nicht über die rudimentäre Schule in der Synagoge, die sie besuchten, hinaus. Intellektualismus war den Frankfurter Juden ohnehin verboten, da sie nicht an der Aufklärung, die über Europa hinwegfegte, teilhaben durften.

Mayer Amschel blieb den Anweisungen des Talmuds treu, ehrte alle seine Traditionen und verlangte von seinen Kindern, das Gleiche zu tun. Er änderte nichts an seinem Lebensstil, nachdem er Ruhm und Reichtum erlangt hatte. Die Kleidung, die er und seine Söhne trugen, war oft bis auf die Knochen abgetragen.

In zahlreichen Papieren und Dokumenten des British Museum finden sich sehr abfällige Hinweise auf diese Tatsache. In einer Erzählung behauptet Cherep-Spiridovich, Mayer Amschel habe nie seine Unterwäsche gewechselt und die gleiche Kleidung getragen, "bis sie von ihm abfiel". Schriftsteller wie John Reeves, Demachy und Spiridovich kommen in den Worten von Spiridovich zu dem Schluss, dass bei den

> "Die politischen Phasen dieser unheimlichen und verhängnisvollen Familie könnten für mindestens die Hälfte allen Blutvergießens und Unglücks, das die Nationen seit 1770 heimgesucht hat, verantwortlich gemacht werden".

Andere, wie der Chefredakteur der *Chicago Tribune*, der zwar wusste, dass etwas vor sich ging, aber keinen Namen darauf setzen konnte, schrieben am 22. Juli 1922:

> Unsere Staatsmänner sind Kinder im Vergleich zu den ihren. Uns wird immer wieder eine führende Position in der Weltpolitik angeboten. Sie wird uns vor die Füße geworfen, und aus schlichter Dummheit lehnen wir sie ab.

Die Frage ist: "Haben wir ihn zurückgewiesen, oder hat eine verborgene Kraft uns daran gehindert, die Initiative zu ergreifen? " Nietzsche, der deutsche Philosoph in seinem Werk *Die Morgenröte* schrieb:

> Eines der Spektakel, zu denen uns das nächste Jahrhundert einladen wird, ist die Entscheidung über das Schicksal der Juden. Es ist offensichtlich, dass sie ihre Würfel geworfen und den Rubikon überschritten haben; es bleibt ihnen nichts anderes

übrig, als die Herren Europas zu werden oder Europa zu verlieren, so wie sie Ägypten verloren haben, wo sie vor ähnlichen Alternativen standen... Europa kann ihnen eines Tages wie eine reife Frucht in die Hände fallen, wenn sie nicht zu schnell danach greifen.

Diejenigen, die über Nietzsche recherchiert haben, sagen, dass er sich auf die Rothschilds bezog, aber ich konnte keine Beweise für diese Behauptung finden, obwohl es dem Muster dieser berühmten Familie zu entsprechen scheint. Viele ihrer Geheimnisse blieben völlig verborgen und werden vielleicht nie enthüllt werden. Die Tiefe dieser Geheimnisse wird durch die Worte des französischen Staatsmannes Lamartine enthüllt:

> Wir wollen alle Jochs zerbrechen, aber es gibt ein Joch, das man nicht sehen kann und das auf uns lastet. Woher kommt es? Wo ist es? Niemand weiß es, oder zumindest sagt es niemand. Die Vereinigung ist selbst für uns, die Veteranen der Geheimgesellschaften, geheim.

Der französische Außenminister G. Hanotoux schrieb 1878, dass diese verborgene Hand eine

> "geheimnisvolle Kraft, die die Politik bestimmt und die Karten der Diplomatie durcheinanderbringt".

Viele dieser Geheimnisse wurden von Disraeli in seinem Roman *Coningsby* vollständig aufgeklärt, der lediglich ein kaum verhüllter Bericht über die Machenschaften der Rothschilds war. Disraeli musste viele Fakten als Fiktion tarnen, um nicht zu befürchten, dass der Zorn der Menschen über die darin enthaltenen Enthüllungen explodieren würde. "Sidonia" war zweifellos Lionel Rothschild und *Coningsby* nichts anderes als eine romantisierende Erzählung seiner Taten:

> Mit neunzehn Jahren machte Sidonie, die damals bei ihrem Onkel in Neapel wohnte, einen längeren Besuch bei einer anderen Familie ihres Vaters in Frankfurt. Zwischen Paris und Neapel verbrachte Sidonie zwei Jahre. Es war unmöglich, in ihn einzudringen. Seine Offenheit war strikt auf die Oberfläche beschränkt. Er beobachtete alles, wenn auch übervorsichtig,

vermied aber ernsthafte Diskussionen. Er war ein Mann ohne Zuneigung.

Karl Rothschild lebte in Neapel und Mayer Amschel in Frankfurt, daher ist es nicht schwer zu folgern, dass "Sidonia" Lionel Rothschild war, und so erhalten wir von *Coningsby* eine der besten und genauesten detaillierten Darstellungen der Rothschilds und ihres Aufstiegs zu der absoluten Macht, die sie heute innehaben.

Erklärende Anmerkung

Bitte beachten Sie, dass die Quellen und Verweise im Text angegeben sind. Ich dachte, dass dies die Verweise erleichtert und verhindert, dass man in einer separaten Liste von Anmerkungen suchen muss, wodurch die Kontinuität verloren geht.

Ich habe mich an die Methode und den Stil verschiedener viktorianischer Autoren gehalten, die fanden, dass dies der beste Weg sei, die Geschichte fortzusetzen, ohne anhalten zu müssen, um eine bestimmte Quelle zu konsultieren und zu finden. Ich hoffe, dass auch Sie diese Methode leichter finden als die traditionelle.

Ein weiterer wichtiger Punkt: Ich möchte klarstellen, dass dieses Buch nicht als "antijüdisch" oder "antisemitisch" interpretiert werden soll und kann. Es ist weder das eine noch das andere. Es ist vielmehr der Tatsachenbericht einer Familie, die sich als jüdisch erwiesen hat und dies auch nie verheimlicht hat. Etwas anderes zu schreiben wäre so, als würde man versuchen, eine Erzählung über den Zulu-König Chaka zu schreiben, ohne zu erwähnen, dass Chaka ein schwarzafrikanischer König war.

KAPITEL 1

Wie ein Lumpenhändler zu einem der reichsten Männer der Welt wurde

Es gibt wahrscheinlich keinen Namen in der internationalen Bankenwelt, der so bekannt ist wie der Name Rothschild, und doch weiß man so wenig über die wahre Geschichte dieser Familie. Es gibt viele Legenden, Mythen und fantasievolle Erzählungen, aber nur wenig über den wahren Charakter dieser Familie, die den Lauf der Geschichte verändert hat, die Staatsmänner, Könige, Herzöge und Bischöfe gekauft und verkauft hat, als wären sie einfache Waren, die man wie ausgelatschte Schuhe und alte Kleider wegwerfen kann, wenn sie ihre Zeit hinter sich haben. Es heißt, dass diese Familie Revolutionen, Kriege und Umwälzungen ausgelöst hat, die das Gesicht Europas, des Fernen Ostens und der Vereinigten Staaten für immer verändert haben. Das Ziel dieses Buches ist es, die Geschichte der Rothschilds zu erforschen und zu verstehen, welche Pläne sie für die Welt haben. Die Rothschilds sind Juden, eine Tatsache, die sie nie zu verbergen oder herunterzuspielen versucht haben.

Im Laufe der Geschichte, von Indien über das alte Palästina bis hin zu Babylon, waren Geldangelegenheiten immer hauptsächlich eine Angelegenheit der Juden. Auf den Geldmärkten in Frankfurt, London, New York und Hongkong herrschte der jüdische Finanzier vor.

Im Jahr 1917 sind sie über die ganze Welt verteilt. An den Börsen in London, Paris und New York bilden jüdische Börsenmakler das Rückgrat des Geschäfts. Die Bewegung von Edelmetallen, Diamanten und Währungen auf der ganzen Welt stand schon immer unter jüdischer Kontrolle. Wir führen diese Tatsachen als Tatsachen an sich an und nicht, um etwas Abfälliges daraus abzuleiten. Die Juden selbst geben dies zu. Als Großbritannien sich 1910 auf einen Krieg gegen Deutschland vorbereitete, waren die internationalen jüdischen Finanziers an Schlüsselstellen postiert, - und an der Spitze der internationalen Finanzierung in der ganzen Welt standen die Rothschilds und ihre verbundenen Bankhäuser. In Frankreich waren es Rothschild, Fould, Camondo, Pereira und Bischoffheim; in Deutschland Rothschild, Warschauer, Mendelssohn, Bleichroder; in England Sassoon, Stern, Rothschild und Montague; im Fernen Osten Sassoon; in Russland Gunzburg; in den USA J.P. Morgan, Kuhn Loeb et Cie, Seligman et Cie, Speyer et Cie, Warburg und Lazard Frères.

Vor allem aber stellte das Haus Rothschild sie in den Schatten und überstrahlte sie. Kritiker der Rothschilds behaupten, dass Morgan und Kuhn Loeb nur Fassaden für die Rothschilds waren und dass alle berühmten Bankhäuser den Rothschild-Banken angegliedert waren.

Diese Bankhäuser überstanden viele Stürme dank ihrer umsichtigen Herangehensweise an Spekulationen und ihrer engen brüderlichen und verwandtschaftlichen Beziehungen zu den Rothschilds und untereinander. Der Gründer des Hauses Rothschild war Mayer Anselm Bauer (Rothschild), der Sohn von Anselm Moses Bauer, einem Kaufmann aus Frankfurt. Der Vater verkaufte neue und gebrauchte Waren sowie alte Münzen und vermittelte Pfandkredite unter dem Zeichen eines roten Schildes, daher der Name Rothschild, was auf Deutsch roter Schild bedeutet. Rothschild wurde ihr angenommener und offizieller Familienname. Das Unternehmen befand sich in der Judenstraße, wörtlich "die Straße der Juden" in einem Ghetto in Frankfurt, in dem etwa 550 Familien lebten.

Mayer Amschel (Rothschild) wurde 1743 geboren. Die Familie war seit Generationen in Frankfurt ansässig. Tatsächlich besitzt das British Museum ein Dokument, aus dem hervorgeht, dass die Familie bis ins frühe 16 Jahrhundert zurückreicht. Im 18 Jahrhundert waren sie eine ziemlich große Gruppe.

Ich habe zwanzig Hintergründe von Mayer Amschel identifiziert, dem ältesten von drei Söhnen, dessen Eltern im Geldhandel tätig waren, sowohl im An- als auch im Verkauf, an dem er seit seinem zehnten Lebensjahr beteiligt war. Dieser kleine Handel war eigentlich eine Art Geldumtausch im Ausland, denn zu dieser Zeit bestand Deutschland aus 350 Fürstentümern, von denen jedes seine eigene Währung hatte.

Offenbar war es ihnen verboten, Berufe auszuüben, die allen Nichtjuden in Frankfurt offen standen. Es besteht kein Zweifel daran, dass Juden allen möglichen Einschränkungen unterworfen waren, von denen einige ziemlich ungerecht waren. Das Haus der Familie war eine Holzhütte im gotischen Stil, in der Mayer Amschel mit seinem Vater, seiner Mutter und seinen drei Brüdern bis 1775 lebte, als eine massive Pockenepidemie über Europa hinwegfegte und beide Eltern Mayers mit in den Tod riss. Mayers Eltern melden ihn an der Rabbinerschule in Furth an. Er hatte jedoch weder die Geduld noch den Geschmack für die langen Jahre des Studiums, die für den Abschluss nötig waren, und nach drei Jahren in Furth machte sich Mayer Amschel im Alter von dreizehn Jahren selbstständig.

Man kann nur den Mut bewundern, den ein so junger Mann aufbringen musste, um einen solchen Schritt zu tun. Auf dem Weg nach Hannover bekam der junge Mann eine unbedeutende "Wohltätigkeits"-Anstellung in der Bank des Hauses Oppenheimer, wo er sechs Monate nach seiner Ankunft Lehrling wurde. Es dauert nicht lange, bis er zu dem Schluss kommt, dass man, um im Bankgeschäft erfolgreich zu sein, den Schutz eines der wichtigsten Prinzen braucht. Nach sechs Jahren verlässt er Hannover und kehrt nach Frankfurt zurück, wo er 1770 Gudule Schnapper heiratet.

Mayer und Gudule (Gutta) bewohnten den ersten Stock über einem Laden, von dem aus Mayer neue und gebrauchte Artikel kaufte und verkaufte, so wie es sein Vater vor ihm getan hatte. Viele Artikel, wie Bilder und Möbel, waren auf dem Bürgersteig ausgestellt. Dies war das Zuhause, der Ausgangsort der "Bankbarone", die später die Finanzen der Welt und die großen

Herrscher, Staatsmänner und Könige kontrollieren sollten. Gudule hatte Mayer fünf Söhne geschenkt. Die Gespräche mit ihren fünf Söhnen fanden immer an einem "schmutzigen Holztisch" statt - eine Beschreibung, die Spiridovich in *Unrevealed in History* gibt -, an dem die Familie zu den Mahlzeiten und Gesprächen zusammenkam.

Die Aufteilung der Finanzwelt unter den Söhnen war eines der beliebtesten Gesprächsthemen. Ihr Vater sprach über die vier Enkel Karls des Großen, darüber, wie die römischen Kaiser die Welt beherrscht hatten, und über seine Vision für seine Söhne. Seine fünf Töchter wurden nie in diese Diskussionen einbezogen.

Karl der Große (Charlemagne) (771-814) war ein typischer Deutscher, über 1,80 m groß, ein toller Athlet, der Griechisch und Latein sprach. Er war König der Franken und wurde von 800 bis 814 v. Chr. Kaiser von Rom. Doch trotz seiner Verehrung für Karl den Großen hegte Mayer Amschel einen heftigen Hass auf alles "Römische", das er später als "den großen Feind des Bolschewismus" bezeichnete, wie Sir Alfred Mond in *World Battle of the Jews* schrieb. Samuel Gompers, der in der *Chicago Tribune* vom 1er Mai 1922 schrieb, sagte über den Bolschewismus in Bezug auf Mayer Amschel:

> Nichts wäre ein unnötigerer und niederträchtigerer Verrat an der Zivilisation als die Anerkennung der bolschewistischen Tyrannei. Die Politik der deutschen und angloamerikanischen Bankier ist das gefährlichste Element in der gesamten Kette der bolschewistischen Bemühungen. Die Gelder der Bolschewiki beliefen sich auf Millionen von Dollar.

Mayer Amschels zur Schau gestellter Hass auf die römische Welt könnte daher rühren, dass Frankfurt am Main seit 1762 die Stadt war, in der die Kaiser des Heiligen Römischen Reiches Deutscher Nation gewählt und gekrönt wurden, was Mayer Amschel hasste, da er wusste, dass die katholische Kirche ein unerbittlicher Feind der Bolschewiki war. Einige Historiker behaupten, dass sich sein Hass auf Russland richtete, da es die größte christliche Nation in Europa war und die Juden unter mehreren seiner Herrscher viele Prüfungen und Verfolgungen erduldet hatten.

Am Tisch warnte Mayer seine Söhne, ihren Reichtum in der Familie zu behalten und niemals außerhalb der Familie zu heiraten. Er erklärte das hebräische Gesetz des "Neshek", was wörtlich übersetzt "ein Biss" bedeutet, den Begriff, der für Zinsen verwendet wird, und "wie es außerhalb der Hebräer angewendet werden sollte, nicht auf sie". Geheimhaltung musste oberstes Gebot sein; niemand außerhalb der Familie durfte jemals erfahren, wie viel Geld sie besaß. Laut dem Autor John Reeves, der in seinem Buch *The Rothschilds: Financial Rulers of Nations* MacGregor, den Autor von *The Kahbalaha Unmasked* zitiert:

> Die fünf Söhne begannen, in fünf europäischen Hauptstädten Geschäfte zu machen, doch sie handelten in Absprache miteinander. Die Geschäfte der Rothschilds seit 1812 waren so immens und die Bande zwischen den einzelnen Familienmitgliedern so eng geknüpft, dass es fast aussichtslos erscheint, sie zu entwirren. Der Erfolg, den der Gründer erzielte, ist auf den gestörten Zustand der Welt zurückzuführen. Mayer Amschel war ebenso ein Kind des Glücks wie Napoleon.

Mayer Amschel hatte fünf Söhne und fünf Töchter:

Anselme Mayer, geboren 1773, heiratete Eva Hannau

Salomon Mayer, geboren 1774, heiratete Caroline Stern

Nathan Mayer, geboren 1777, heiratete Hannah Levi Barnet Cohen 1806

Karl, geboren 1788, heiratete Adelaide Herz

Jacob (James), geboren 1792, heiratete seine Nichte Betty, die Tochter seines Bruders Salomon. Anselm, seinem ältesten Sohn, wurde die große Ehre zuteil, Mitglied des Privaten Handelsrats des Königlichen Preußens, bayerischer Konsul und Hofbankier zu werden.

Das mag heute, wo es keine Klassenunterschiede gibt, unwichtig erscheinen, aber das rigide Kastensystem, das damals galt, machte es einem "Gemeinen" unmöglich, solche Posten zu bekleiden, die immer den Familien mit Adelstiteln vorbehalten waren, und Juden waren von diesen hohen Ämtern ausdrücklich ausgeschlossen. Salomon Mayer gelang es, sich in den innersten Kreis von Fürst Metternich, dem virtuellen Herrscher Österreichs, einzuschleichen.

Die fünf Töchter erhielten keine Anteile an dem Unternehmen und hatten kein Mitspracherecht bei der Führung des Unternehmens, da sie faktisch völlig ausgeschlossen waren. In den meisten Fällen wurden sie im Rahmen von "arrangierten Ehen" verheiratet.

Laut dem Autor John Reeves:

> Die Bewegungen der Rothschilds werden sorgfältig überwacht und sind für die Öffentlichkeit genauso wichtig wie die eines beliebigen Ministers. Einem begeisterten Ermittler wurde mitgeteilt, dass es unmöglich sei, alle Familienmitglieder zu nennen, da es keine Stammbäume gäbe. (Die Finanzsouveräne Rothschild)

Laut Generalmajor Graf Cherep-Spiridovich, der darüber in *The Unrevealed in History* berichtet, und Dokumenten des British Museum in London soll Mayer Amschel auf seinem Sterbebett eine Passage aus dem Talmud vorgelesen und seine Kinder anschließend gezwungen haben, einen feierlichen Eid zu leisten, dass sie immer zusammenbleiben und nie etwas getrennt unternehmen würden.

KAPITEL 2

Mayer Amschel und fünf seiner Söhne haben ein glückliches Händchen

Während er sich in der Oppenheimer-Bank aufhält, hat Amschel das einzigartige Glück, Generalleutnant Baron von Estorff zu treffen, einen Aristokraten, der dem Landgrafen von Hessen-Cassell nahesteht, einer äußerst wichtigen Familie, deren Abstammung Hunderte von Jahren zurückreicht.

In *The Rothschild Money Trust* von Armstrong wird angegeben, dass der Landgraf Wilhelm IX. war:

> "Er wurde zum Geldverleiher und Agenten für Wilhelm IX., Landgraf von Hessen-Kassel."

Der hochdekorierte Historiker, Soldat und Schriftsteller Graf Cherep-Spiridowitsch beschreibt ihn einfach als

> "Amschel wurde zum Verwalter des Landgrafen von Hessen-Kassel".

Es heißt, Mayer habe von Estorff auf Kosten von Oppenheims Bank einige Dienste geleistet, deren genaue Details bis heute nicht bekannt sind.

Nach meinen Recherchen im British Museum erfolgte die Annäherung zunächst über Wilhelms Finanzberater, einen gewissen Karl Budurus:

> "Mit den Rothschilds, ähnlich in ihren Ambitionen, formidabel hartnäckig, geduldig und geheimnisvoll, hatten sie eine intellektuell fruchtbare Begegnung und beschlossen, in ein Arrangement gegenseitiger Hilfe einzutreten".

Die Einzelheiten des Plans, den sie entwickelten, wurden nie bekannt gegeben. Allerdings wird in der *Jüdischen Enzyklopädie* von 1905 und 1909 Vo. X, Seite 499, klärt uns darüber auf:

> Zuletzt wurde er (Amschel) zum Agenten von Wilhelm IX, Landgraf von Hessen-Kassel, der unter dem Tod seines Vaters das größte Privatvermögen Europas (geschätzt auf 40.000.000 $) erbte, das hauptsächlich aus der Vermietung von Truppen an die britische Regierung zur Niederschlagung der Revolution in den USA stammte...
>
> Nach der Schlacht im Juni 1806 floh der Landgraf nach Dänemark und hinterließ Mayer Rothschild 600.000 Pfund (ca. 3.000.000 $), damit er sie sicher aufbewahren konnte. Der Legende nach wurde das Geld in Weinfässern versteckt und entging der Suche von Napoleons Soldaten, als sie in Frankfurt einmarschierten, und wurde dem Kurfürsten unversehrt zurückgegeben.
>
> Die Fakten sind weniger romantisch und eher professionell.

Die von mir untersuchten Dokumente zeigen, dass der "Kurfürst", wie er genannt wurde, nicht sehr skrupellos war, was die Herkunft des Geldes betraf, das in seine Schatzkammern floss. Die hessischen Söldner waren sein Kapital, das er an diejenigen vermietete, die das meiste Geld hatten, um sie zu bezahlen.

Die Hessen hatten ihren Vertrag mit dem Herrscher ausgearbeitet, in dem klar festgelegt war, dass der Prinz zu Beginn der militärischen Operationen, für die sie angeheuert worden waren, eine hohe Anzahlung erhalten würde. Danach sollte es eine zusätzliche Zahlung für die Soldaten geben, einige Zuschläge für Verwundete und den dreifachen Betrag, wenn sie im Kampf getötet wurden. Diese Summe musste an die Söldner oder die von ihnen abhängigen Personen gezahlt werden und nicht an den Prinzen. Außerdem lief der Anstellungsvertrag nicht ab, wenn Frieden erklärt wurde, sondern erst ein volles Jahr nach dem Frieden und erst, wenn die Söldner nach Hause zurückgekehrt waren.

Die britische Regierung war der größte Kunde und "vermietete" jedes Jahr etwa 15.000 bis 17.000 Hessen. Obwohl es keine direkten Beweise dafür gibt, dass Amschel und Budurus die Urheber der nächsten List waren, scheint es sehr wahrscheinlich, dass sie es waren. Anstatt dass die Pauschalsumme und die Zahlungen nach Kassel, dem Wohnsitz des Prinzen, geschickt wurden, wurde das Geld in England aufbewahrt und dort investiert. Die (von Amschel ausgehandelten) Zinsen wurden dem Landgrafen in Form von Wechseln ausgezahlt. Der Teil des Geldes, der tatsächlich nach Kassel überwiesen wurde, wurde dann dazu verwendet, anderen bedürftigen Fürsten hochverzinsliche Kredite zu gewähren. Dies führte zu einem enormen Geldfluss in und aus Kassel mit erheblichen Einnahmen für den Landgrafen, der sich mit der Familie Von Turn und Taxis verband, die das Postmonopol für ganz Europa innehatte. Die Söldner, die am meisten getan hatten, um das Geld zu verdienen, erhielten nichts, sondern nur die versprochenen Beträge, da sie nichts von der "privaten" Vereinbarung wussten, die hinter ihrem Rücken getroffen worden war.

Die Prinzen von Von Thurn und Taxis (Mitglieder des Komitees der 300) freuten sich über einen Anteil an der Beute im Austausch für ihre Rolle als Nachrichtenagenten für den Landgrafen und später für die Rothschilds. Dazu öffneten sie wichtige Post gemäß den Anweisungen, lasen den Inhalt und informierten den Landgrafen über das, was sie gesehen hatten, und beschleunigten oder verzögerten auf seine Anweisung hin die Zustellung der Briefe zugunsten des Landgrafen und Mayer Amschels - und zum Nachteil ihrer Schuldner.

(Weitere Einzelheiten über die Familie Von Thurn und Taxis finden Sie in *Die Hierarchie der Verschwörer, Das Komitee der 300*).[1]

Diese Fakten sind in der Tat weit entfernt von den romantischen

---

[1] Herausgegeben von Omnia Veritas Ltd, www.omnia-veritas.com.

Vorstellungen darüber, wie Amschel seine Karriere begann, und werden umfassender enthüllt als alles, was zuvor veröffentlicht wurde. Kritiker sagen, dass die Fakten weit von dem entfernt sind, was in der Enzyklopädie suggeriert wird. Cherep-Spiridovich behauptet unmissverständlich, dass das Geld nicht an den Landgrafen zurückgegeben und in Wirklichkeit von Amschel gestohlen wurde. In *The Rothschild Money Trust stellt* der Autor Armstrong fest:

> Die Fakten sind durchaus "weniger romantisch". Mayer Amschel Rothschild hat das Geld veruntreut. Dieses Geld war von Anfang an befleckt. Es wurde von der britischen Regierung an den Landgrafen für den Dienst seiner Soldaten, die zur Unterdrückung der Amerikanischen Revolution eingesetzt wurden, gezahlt, und die Soldaten hatten ein moralisches Anrecht darauf. Es wurde zuerst von Wilhelm von Hessen und dann von Mayer Amschel veruntreut. Dieses zweimal gestohlene Geld bildete die Grundlage für das immense Vermögen der Rothschilds. Seitdem ist sie ihrem Ursprung treu geblieben. In den Hunderten von Milliarden, die die Rothschild-Familie heute besitzt, ist kein einziger ehrlich erworbener Dollar enthalten. Anstatt das Geld in Weinfässern zu verstauen, schickte Mayer Amschel Rothschild die gesamte Summe an seinen Sohn Nathan nach London, wo er den Londoner Zweig der Familie aufbaute.

Es handelt sich höchstwahrscheinlich um das Geld, das Nathan für die Eröffnung von N.M. Rothschild and Sons, der Familienbank, verwendet hat.

Armstrong fährt fort:

> Für seine geleisteten Dienste wird Amschel zum kaiserlichen Kronagenten ernannt, ein Titel, der ihm ungehindertes Reisen ermöglicht. Seine "Partnerschaft" mit den Fürsten von Thurn und Taxis verschaffte ihm wertvolle Informationen, was ihm einen Vorteil gegenüber allen Kreditgebern verschaffte, die mit ihm konkurrierten. Nathan Rothschild tätigte eine Investition in Höhe von 800.000.000 Gold (im Wert, nicht im Gewicht) der Ostindischen Kompanie, da er wusste, dass es für Wellingtons Feldzug auf der Halbinsel benötigt werden würde.

Er hat nicht weniger als vier Gewinne erzielt:

1. Aus dem Verkauf des Wellington-Papiers, das er für 50 Cent auf den Dollar gekauft und zum Nennwert eingesammelt hat.
2. Über den Goldverkauf in Wellington.
3. Auf seinen Rückkauf.
4. Indem Sie es an Portugal weiterleiten.

Dies ist der Beginn des großen Reichtums. Die Art und Weise, wie ein noch relativ obskurer Bankangestellter die Kluft der sozialen Schranken, die ihn von der aristokratischen Klasse trennte, überbrücken konnte, ist ein bemerkenswertes Fallbeispiel.

Laut Unterlagen des British Museum:

> ... Der Prinz war sehr gierig und geizig und kümmerte sich nicht darum, wie sein Vermögen, das ihm von seinem Vater, Wilhelm VIII. (dem Bruder des schwedischen Königs), vermacht worden war, vermehrt wurde. Friedrich, der von Estorff von Amschels Geschicklichkeit und Skrupellosigkeit gehört hatte, interessierte sich für die Suche nach einem "Strohmann" für seine dubiosen Einkäufe.

Amschel verbarg seine Beziehung zu Friedrich II. hinter einer bescheidenen Fassade, doch es bestand kein Zweifel daran, dass er seinen Einfluss beim alten Landgrafen nutzte, um Millionen zu verdienen und politische Fortschritte zu erzielen. Er wurde zum Agenten des Landgrafen von Hessen und der erste Regierungskredit, den er vermittelte, war der von 1802, als die dänische Regierung zehn Millionen Taler aufnahm.

Obwohl dies zu dieser Zeit nicht bekannt war, stammte das Geld aus dem riesigen Vermögen der Familie des Landgrafen.

Um die Gunst der Öffentlichkeit zu gewinnen, erklärte Amschel, dass er seinen Anteil am Gewinn an Friedrich II. abtreten würde, was er jedoch nie tat. Von diesem Fall ausgehend sollte sich das Schicksal der Rothschilds zu einer der erstaunlichsten Erfolgsgeschichten in der Geschichte der Finanzierung und Kreditvergabe entwickeln.

Sein Sohn Wilhelm IX. trat die Nachfolge von Friedrich II. an und wurde 1785 Kurfürst Wilhelm Ier. Zu dieser Zeit war Amschel so etwas wie der "Finanzminister" des verstorbenen Friedrich II. gewesen und kannte alle Geheimnisse der Familie. Die beiden verstanden sich auf Anhieb. Sie wurden beide im Jahr 1743 geboren. Amschel verheimlicht seinen wahren Reichtum vor Kurfürst Wilhelm Ier, indem er immer die gleiche Kleidung trägt und sich als armer Mann ausgibt. Von dem Zeitpunkt an, als er zum Vermögensverwalter von Kurfürst Wilhelm Ier wurde, wuchs Amschels Vermögen in dem Maße, wie das seines Arbeitgebers schrumpfte. 1794 kam es zu einem Ereignis, das Kurfürst Wilhelm Ier zur Flucht veranlasste: die Eroberung von Koblenz durch den französischen General Hoche.

Aus Angst, dass seine korrupten Praktiken (in Wirklichkeit die Machenschaften des Strohmanns Amschel) durch die Besatzung aufgedeckt werden könnten, floh Kurfürst Wilhelm Ier, nachdem er die Kontrolle an Amschel abgetreten hatte.

Dies ist die wahre Geschichte, wie die Rothschilds zu ihrem Geld gekommen sind. Es geschah nicht durch Pfandvermittlung, intelligente Spekulation oder irgendein anderes weithin akzeptiertes Märchen, das so romantisch klingt.

Das Genie der Söhne ist dem Vermögen des Landgrafen von Hessen zuzuschreiben und nicht dem fantasievollen "Genie" der fünf Brüder! Es handelte sich schlicht und einfach um einen Fall von "Diebstahl durch Umwandlung".

Mayer starb am 12. Dezember 1812 in Frankfurt und hinterließ sein Erbe fünf Söhnen und einen geringeren Betrag seinen fünf Töchtern.

KAPITEL 3

Die Rothschilds halten Einzug in die europäische High Society

Die Art und Weise, wie Mayer den größten Teil seines Geldes seinen fünf Söhnen und weit weniger seinen Töchtern hinterließ, ist ein Zeichen dafür, wie er und seine Vorfahren Frauen als das schwächste Glied in der Kette betrachteten.

Frauen sollten für arrangierte Ehen innerhalb der Familie für geschäftliche Zwecke eingesetzt werden. Mit anderen Worten: Ehen sollten nach geschäftlichen Vorteilen arrangiert werden.

Die Idee einer "Gleichheit" zwischen Männern und Frauen existierte in Mayers Kopf nicht. Die moderne, von den Sozialisten geführte Kampagne für gleiche Rechte für Frauen kam über hundert Jahre später und beschränkte sich weitgehend auf gleiche Rechte für nichtjüdische Frauen. Amschel teilte die Nationen Europas wie Laibe Brot auf und wies seinen Söhnen Deutschland, Österreich, Großbritannien, Italien und Frankreich als "ihre Gebiete" zu.

Später schickte er ein Familienmitglied, einen Mann namens Schoeneberg, unter dem Namen August Belmont in die Vereinigten Staaten. Er wurde zur verborgenen Hand, die heimlich die Gesetzgebung durchsetzte, damit das System der Federal Reserve gesetzlich verankert werden konnte.

Die Interessen der Rothschild-Söhne wurden zum internationalen Finanz- und Bankwesen und sie gründeten Niederlassungen in den wichtigsten Hauptstädten Europas, Paris, Neapel, Wien und London, jeweils unter der strengen Aufsicht eines der fünf Söhne, während "Belmont" sich stark im Bankwesen und in der Politik der Demokratischen Partei in Amerika engagierte. In relativ kurzer Zeit waren die Rothschilds in der Lage, ganz Europa in ihre Umlaufbahn und unter ihren Einfluss zu bringen. Sie kauften Beamte und freundeten sich mit den Monarchen und Prinzen Europas an, wobei sie darauf achteten, dass kein Fremder in die Familie eintrat. Wenn eine der Töchter eine "Liebesbeziehung" beginnt, wird diese gnadenlos niedergeschlagen. Ihr wird gesagt, dass die Brüder die Ehe als Geschäft betrachten und dass sie die Ehen für die Partnerschaften arrangieren.

Es bedurfte nur einer Generation der Planung, Intrigen und Manipulation der öffentlichen Meinung, um die Rothschilds zur größten Kraft und zum größten Einfluss nicht nur in den Angelegenheiten Europas, sondern auch im Fernen Osten und später in den Vereinigten Staaten zu machen. Mischehen schweißten die Familie zu einer kohäsiven und starken Front zusammen. Im Jahr 1815 machte Österreich den Weg frei, indem es den fünf Brüdern die erblichen Titel "Baron" mit dem dazugehörigen Grundbesitz verlieh. Ihr kometenhafter Aufstieg zu Ruhm, Reichtum und Macht war erstaunlich mit anzusehen. Sie trafen nie eine Entscheidung oder einen Schritt, ohne sich eng mit ihrem "Kommunikationsagenten" und ihrer "Quelle für Insiderinformationen", den Von Thurn und Taxis, abzustimmen.

Wenn politische Machtpositionen nicht realisiert werden konnten, wurden sie gekauft. Mayer Amschel, der für Frankfurt zuständig war, kaufte sich zum Beispiel einen Sitz im Privaten Handelsrat von Preußen. Dies war eine Position, die in der Vergangenheit nur dem Königtum zugänglich war, und sein Erfolg erschütterte die preußische Aristokratie und löste viel Alarm und Bestürzung aus.

Nach der Restauration der Bourbonen (an der die Rothschilds eine nicht unerhebliche Rolle spielten) erhielt der jüngste der Brüder, James (Jacob), eine Charta, um eine Filiale der Rothschild-Bank in Paris zu gründen.

Da James schnell die Bedeutung der Eisenbahn erkannte,

finanzierte er mehrere der neuen Strecken und machte ein riesiges Vermögen. Er leiht den stets verschwenderischen Bourbonen Millionen von Francs.

Nathan war das Genie unter den fünf Brüdern. Als Dritter in der Reihe war er derjenige, an den sich die anderen um Rat wandten. Als die Brüder beschlossen, sich in England niederzulassen, schickten sie Nathan nicht nach London, sondern nach Manchester, einer unheimlichen Industriestadt im Norden. Der Grund dafür ist, dass die Rothschilds in dieser Stadt große Geschäftspläne für den Stoffhandel haben, die sie voll ausschöpfen wollen, bevor sie ihren Betrieb nach London verlegen. Der Großteil der Stoffe, die für die Uniformen der britischen Armee und Marine benötigt wurden, stammte ursprünglich aus Deutschland. Dank der "Postauskünfte", die das Postmonopol von Von Thurn und Taxis lieferte, erfuhren die Rothschilds, dass der Krieg mit Napoleon unmittelbar bevorstand. Nathan wird schnell nach Deutschland geschickt, um alle Bestände dieser Stoffe aufzukaufen.

Als die Manchester Manufacturers von der britischen Regierung mit der Herstellung von Uniformen für die Armee und die Marine beauftragt wurden, schickten sie ihre Agenten nach Deutschland, um die erforderlichen Stoffvorräte zu beschaffen, wie sie es immer getan hatten, nur um zu erfahren, dass die gesamte Produktion bereits an Nathan Rothschild verkauft worden war, bei dem sie nun kaufen mussten.

Als die Nachricht in Manchester eintraf, kam es zu einem heftigen Tumult. Irgendwann fürchtete Nathan um seine Sicherheit. Nach fünf Jahren in Manchester zog Nathan 1805 nach London.

Eigentlich wäre "fliehen" eine bessere Beschreibung, da er dazu gezwungen wurde, als der öffentliche Zorn über sein Handeln zu wachsen begann.

Einer der Hauptgründe für Nathans großen Erfolg war, dass er erkannte, dass schnelle Kommunikation der Schlüssel war, um seine Konkurrenten zu schlagen. Er setzte die schnellsten Reiter,

Schiffe und sogar Brieftauben zur Kommunikation ein. Er suchte eifrig nach "Insiderinformationen", die er vor seinen Konkurrenten und den Regierungen verbarg. Er hatte seine Geheimagenten in allen Hauptstädten Europas.

Diese treue Gruppe zögerte nie, durch die Nacht zu reiten, im Winter und im Sommer. Sie züchteten die beste Brieftaubenrasse und segelten auf den schnellsten Schiffen. Manchmal kauften sie alle Überfahrten zwischen Frankreich und England, um die Konkurrenz zu blockieren.

Nathans größtes Expertenprinzip bestand darin, Anleihen von Staaten, die zahlungsunfähig waren oder kurz davor standen, mit enormen Abschlägen zu kaufen. Nach einer gewissen Zeit wurde starker Druck auf die betroffenen Regierungen ausgeübt, die Anleihen zum Nennwert zurückzuzahlen, was Nathan unglaubliche Gewinne einbrachte. Auf diese Weise wurde er zum Finanzagenten von mehr als der Hälfte der europäischen Regierungen. Einige sehr bemerkenswerte Personen haben in der Vergangenheit erklärt, dass "die Zivilisation 1790 endete", insbesondere H. G. Wells, der berühmte britische Schriftsteller des Establishments, der im *New York American*, (27. Juli 1924) erklärte, dass der geistige und moralische Fortschritt der menschlichen Rasse mit dem 18 Jahrhundert endete.

Wells war bei den Rothschilds gut angesehen, die seine Idee vom Völkerbund liebten, was Wells als "Weltstaat" bezeichnete, den er für unvermeidlich hielt. Die Erlangers spendeten zu diesem Zweck 3000 Dollar, ebenso wie N.M. Rothschild.

Der irische Dramatiker George Bernard Shaw sagte zu Hillaire Belloc: "Im Jahr 1790 ist etwas Großes passiert." Dies wurde in der *New York Times* berichtet:

> Es gibt Grund zu der Annahme, dass sie sich auf die großen revolutionären Bewegungen bezogen, die Mitte bis Ende des 18 Jahrhunderts begannen, als Amschel Rothschild 1779 Herr über den reichsten Mann der Welt, den Landgrafen von Hessen Kassel, wurde.

JOHN COLEMAN

KAPITEL 4

Die Mauern von Jericho [Frankfurt] stürzen ein

Ich habe bereits erwähnt, dass nur 500 jüdische Familien in Frankfurt, Deutschland, leben durften. Die Art und Weise, wie Mayer Amschel mit dem Problem umging, wurde zu seinem Markenzeichen. Anlässlich der Geburt von Napoleons Sohn wollte der Frankfurter Großherzog Dalberg nach Paris reisen, um ihm seine Aufwartung zu machen, aber keine der Banken wollte ihm das Geld für die Reise leihen.

Der alte Amschel sah jedoch die Möglichkeiten, Dalberg zu seinem Schuldner zu machen, und lieh ihm achtzigtausend Gulden zu fünf Prozent. Auf den Großherzog wurde kein Druck ausgeübt, das Darlehen zurückzuzahlen, solange die Zinsen gezahlt wurden, aber gleichzeitig gab es nur wenige von den Rothschilds erbetene Gefälligkeiten, die der Großherzog ablehnen konnte oder wollte.

Amschel und seine Familie betreiben unter Missachtung des französischen Englandboykotts groß angelegte Schmuggelgeschäfte, die den Rothschilds viel Geld einbringen. Der Verdacht fällt auf Amschel, und für Mai 1809 wird ein Überfall geplant.

Dalberg, der nie eine Gelegenheit ausließ, sich von Amschel Geld zu günstigen Zinssätzen zu leihen, informierte ihn über seinen ausführenden Polizeikommissar von Eitzlein über die bevorstehende Razzia.

Durch hektische Aktivität wurden Schmuggelware und kompromittierende Dokumente bei zuverlässigen Freunden untergebracht, sodass sie, als Inspektor Savagner und seine Männer eintrafen, den alten Mayer Amschel in seinem Bett vorfanden und eine Durchsuchung nichts Belastendes zutage förderte. Obwohl die Inspektoren von Napoleons Handelsboykott mit leeren Händen zurückkehrten, wurde Amschel dennoch zu einer Geldstrafe von 20.000 Francs verurteilt - eine lächerliche Summe -, aber er entging einer Gefängnisstrafe, die fällig geworden wäre, wenn der Schmuggel von den Inspektoren entdeckt worden wäre.

Als sich die Unruhen gelegt hatten, nahm sich Amschel des Problems der Beschränkungen hinsichtlich der Anzahl der jüdischen Familien an, die in Frankfurt wohnen durften. Er wandte sich an Dalberg, der ihm immer noch den Hauptbetrag des Darlehens schuldete.

Nach dem Gesetz muss jede jüdische Familie eine jährliche Steuer von 22.000 Gulden zahlen, um in der Stadt bleiben zu können. Amschel und einer seiner Partner, ein gewisser Gumprecht, überreden den Großherzog, einer Pauschalsumme zuzustimmen, die den Juden Bürgerrechte in Frankfurt verleihen würde, wogegen sich die christliche Mehrheit so vehement wehrt. Mehr noch: Amschel forderte nicht nur das gleiche Bürgerrecht, sondern auch, dass die Juden ihre eigenen Organe und Vorstände gründen durften.

Der gierige Dalberg verlangte, dass die von Amschel vorgeschlagene Pauschalsumme zwanzigmal höher sein sollte als der gesamte Jahresbeitrag.

Amschel und seine Freunde kamen der Forderung nach und zahlten 294.000 Gulden in bar und den Rest in Inhaberschuldverschreibungen.

In einem Brief an den Großherzog, in dem er die Abmachung und die Bedingungen bestätigte, zeigte Amschel, dass er, wenn ein demütiges und unterwürfiges Verhalten erforderlich war, ein Meister seines Fachs war:

> Wenn ich der Bote der guten Nachricht sein könnte, sobald sie von Seiner Königlichen Hoheit unserem sehr ausgezeichneten

Herrn und Großherzog unterzeichnet wurde, in Gunst, und ich meine Nation über ihre große Freude informieren könnte, werden Sie die Güte haben, mich per Post darüber zu informieren, gestehen Sie, dass ich Ihre Güte und Gnade missbrauche, aber ich zweifle nicht daran, dass Ihre Hoheit und Ihre ehrenwerte Familie große himmlische Belohnungen erwarten müssen und viel Glück und Segen erhalten werden, denn wahrlich, unsere gesamte jüdische Gemeinde , wenn sie das Glück hat, gleiche Rechte zu erhalten, wird gerne und mit großer Freude alle Beiträge zahlen, die die Bürger zu entrichten haben.

Beachten Sie, wie Amschel kühn behauptete, dass die Frankfurter Juden eine eigene Nation bildeten. Es dauert eine Weile, bis das Abkommen angenommen wird, aber als es angenommen ist, kündigt Amschel sofort die Gründung des Leitungsgremiums der israelitischen Religionsgemeinschaft an, in dem von Eitzlein (ein Jude) der erste Vorsitzende ist, vielleicht als Belohnung dafür, dass er Amschel über den geplanten Schmuggelüberfall im Mai 1809 informiert hat. Der Senat und die Christen sind wütend und greifen das Abkommen sofort an, da es den Juden besondere Privilegien einräumt.

Es wird gemunkelt, dass Dalberg eine beträchtliche Zahlung erhalten hat, die er nicht öffentlich gemacht hat. Die Stimmung gegen Dalberg und die Juden erreicht ihren Höhepunkt. Vorwürfe der Bestechung als Gegenleistung für gleiche Rechte werden laut. Mit dem Fall Napoleons wurde Dalberg abgesetzt und durch Baron von Hugel aus Hessen ersetzt.

Amschel hatte keine Angst vor Österreich oder Preußen, er hatte ihre Regierungen in seiner Hand, aber er befürchtete, dass, wenn der Wiener Kongress 1814 über den Status von Frankfurt entscheiden würde, das Dalberg-Abkommen nicht eingehalten werden würde. Er schickte Jacob Baruch und einen gewissen Gompers als Vertreter, aber die Wiener Polizei ließ sie als Revolutionäre überwachen und ordnete ihre Ausweisung an.

Fürst Metternich, der von Nathan Rothschild geschaffen worden war, so wie Adam Weishaupt, Napoleon, Disraeli und Bismarck allesamt bloße Marionetten-Kreationen (oder "Handlanger") der

Rothschilds waren, hob den Befehl jedoch wieder auf. Bestechung und Korruption wurden offen praktiziert.

Humbold wurden drei schöne Smaragdringe angeboten, die ein wahres Vermögen darstellten, sowie viertausend Dukaten, die er ablehnte.

Metternichs Sekretär Frederick von Gentz nahm jedoch die angebotenen Bestechungsgelder an und wurde für immer zu einem wertvollen Vermittler der Rothschilds beim mächtigen Adel und der politischen Führung Österreichs.

Als die Nachricht, dass Napoleon aus seinem Exil auf St. Helena auf französischem Boden gelandet war, den Kongress erreichte, musste die "Judenfrage" beiseite geschoben werden. Der Wiener Kongress war die erste Weltkonferenz, die von den internationalen Bankiers dominiert wurde, und die Rothschilds trugen sehr stark zu der Kontrolle bei, die die Bankiers über die getroffenen Entscheidungen ausübten.

KAPITEL 5

Die Rothschilds plündern die fünf Großmächte

Der Vertreter Österreichs, Graf Buol-Schauenstein, ist empört über den Deal, den Dalberg-Rothschild mit den Frankfurter Juden abgeschlossen hat:

> Der Handel bleibt die einzige Lebensgrundlage der Juden. Diese Nation, die sich nie mit einer anderen vermischt, sondern immer zusammenhält, um ihre eigenen Ziele zu verfolgen, wird die christlichen Unternehmen bald in den Schatten stellen; und mit dem schrecklich schnellen Anstieg ihrer Bevölkerung werden sie sich bald über die ganze Stadt ausbreiten, so dass neben unserer ehrwürdigen Kathedrale allmählich eine jüdische Handelsstadt entsteht.

Ich habe viel Zeit damit verbracht, im British Museum nach Dokumenten zu suchen, die sich in irgendeiner Weise auf die Familie bezogen, um über den Aufstieg der Rothschild-Dynastie schreiben zu können, vieles von dem, was gesagt wurde, stammte aus dieser Quelle. Baron James ist zu einer großen Persönlichkeit geworden. Könige und Minister waren gezwungen, mit ihm zu rechnen, und er rechtfertigte dies, indem er der Restaurationsregierung, die nach den großen Kriegen der Revolution und des Kaiserreichs Geld brauchte, einen Kredit von 520 Millionen Francs finanzierte. In seinem Buch *Les Juifs rois de l'époque (Die Juden als Könige)* schreibt Toussenel:

> Man kann das Schicksalsjahr 1815 als die Ära der neuen Macht betrachten; obwohl vor diesem Datum die Koalition von Bankiers, die große Umwälzungen den Moskauer Feldzug und Waterloo kauften - man sollte sich an die Einmischung der Juden

in unsere nationalen (französischen) Angelegenheiten erinnern. 1815 wurde Frankreich dazu verurteilt, 1500 Millionen Francs Kriegsentschädigung zu zahlen und wurde zur Beute der internationalen Finanziers aus Frankfurt, London und Wien, die sich zusammenschlossen, um sein Unglück auszunutzen. James Rothschild zahlte für jede Staatsanleihe von 100 Francs nur 50 Francs und erhielt fünf Francs Zinsen, was zehn Prozent des Geldes ausmachte, verliehen und im nächsten Jahr begann das Kapital das Doppelte zu bringen. James wurde zum Kreditgeber der Könige. Dies zusammen mit seinen Spekulationen an der Börse, wo er das Steigen und Fallen der Aktienkurse beeinflussen konnte, ließ die Gewinne des Barons zu Millionen anschwellen.

Zwischen 1815 und 1830 plünderten die Rothschilds nur die fünf Großmächte: England, Russland, Frankreich, Österreich und Preußen. So nahm Preußen eine Anleihe in Höhe von 5 000 000 Pfund Sterling zu 5 % auf, erhielt aber für seine Staatsanleihen nur 3 500 000 oder 70 %, sodass der tatsächliche Zinssatz über 7 % lag. Der entscheidende Punkt bei diesem Geschäft war jedoch, dass die Anleihen in einigen Jahren zu 100 % zurückgezahlt werden sollten. Die Rothschilds erzielten einen Gewinn von 1 500 000 Pfund Sterling zuzüglich Zinsen. Im Jahr 1823 übernahm James die gesamte französische Anleihe.

Laut Professor Werner Sombart in seinem Werk *Die Juden und das Wirtschaftsleben:*

> Die Zeit ab 1820 wurde zum Zeitalter der Rothschilds, sodass es Mitte des Jahrhunderts üblich war, zu sagen, dass es in Europa nur eine Macht gab, und das waren die Rothschilds.

Wie bereits erläutert, war Disraelis fiktives Werk *Coningsby* eine kaum verhohlene und äußerst aufschlussreiche Erzählung über das Leben von Nathan Rothschild II:

> Sein Vater [Nathan Rothschild] hatte in den meisten der wichtigsten Hauptstädten einen Bruder gegründet. Dort war er der Herr und Gebieter über die Geldmärkte der Welt und natürlich virtuell der Herr und Gebieter über alles andere. Er hielt buchstäblich die Einkünfte Süditaliens als Pfand [über Karl Rothschild in Neapel] und die Monarchen und Minister aller Länder hofierten seinen Rat und ließen sich von seinen Vorschlägen leiten. Zwischen Paris und Neapel verbrachte

Sidonie [Lionel] zwei Jahre. Sidonie hat kein Herz, er ist ein Mann ohne Zuneigung.

So lautet das Werk, das Nathan Rothschild Disraeli diktiert hat und das als Fiktion veröffentlicht wurde, doch es gibt keine genauere Geschichte der Rothschilds als diese. Wer war Disraeli?

In *La Vielle France* N° 216 erklärte Bismarck, dass Disraeli nur ein Werkzeug der Rothschilds gewesen sei und dass es Disraeli und die Rothschilds gewesen seien, die den Plan formuliert hätten, die Vereinigten Staaten durch einen massiven Bürgerkrieg zu zerstückeln. Disraeli war nur eine ihrer Schöpfungen, die sie aus der Finsternis in den Ruhm führten. Sein Großvater, Benjamin D'Israeli, kam 1748 nach England. Sein Sohn, Isaac D'Israeli, wurde 1766 geboren und wurde schnell ein Bolschewik. Eines seiner Werke trägt den Titel *"Gegen den Handel"*.

Über seinen Vater sagte Disraeli: Er lebte mit gelehrten Männern zusammen. Diese gelehrten Männer waren Nathan Rothschild und sein Gefolge. Nebenbei bemerkt: "El-Israeli" (D'israeli?) ist ein arabischer Name türkischer Herkunft, der im Nahen Osten zur Bezeichnung von Personen jüdischer Herkunft verwendet wird. Es ist wahrscheinlich, dass die Familie seines Vaters aus der Türkei nach Italien gekommen war und sich in Ancona oder Cento niedergelassen hatte. Isaacs Domäne war das Schreiben und wie viele Forscher vor ihm besuchte er das British Museum.

Er war auch Importeur von Strohhüten, Marmor und Alaun, aber Isaac hatte Lust zu schreiben.

1788 schickt ihn sein Vater zum Studium nach Frankreich, Italien und Deutschland. Er kehrte 1789 nach England zurück und schrieb *The Curiosities of Literature*, das von dem Sozialisten John Murray veröffentlicht wurde. Das Werk war ein literarischer Erfolg und erlebte dreizehn Auflagen.

Benjamin hat sein schriftstellerisches Talent wahrscheinlich von seinem Vater geerbt.

Benjamin wurde 1804 in eine Familie aus einfachen

Verhältnissen geboren. Er wurde am achten Tag nach jüdischem Brauch beschnitten und wuchs im jüdischen Glauben auf. Obwohl er stolz darauf ist, werden wir zu der Annahme verleitet, dass er schon früh wusste, dass sein "Judentum" in Bezug auf öffentliche Ämter ein Nachteil sein würde, denn in England war es Juden zu dieser Zeit religiös bedingt verboten, Mitglied einer politischen Partei zu werden.

Doch auf Anweisung von Nathan Rothschild wurde Benjamin im Alter von dreizehn Jahren am 31. Juli 1817 als Christ getauft, um in die englische Gesellschaft und das politische Establishment eindringen zu können, das zu dieser Zeit durch die Test Acts für Juden verschlossen war. Nathan Rothschilds Befehl lautete, alle Barrieren gegen Juden niederzureißen.

Eines Tages sagte er zu Lord Melbourne, dem Innenminister: "Ich werde der Premierminister von England sein", was Melbourne für phantasievoll und unmöglich hielt. Natürlich wusste Melbourne zu diesem Zeitpunkt nichts von Disraelis Verbindungen zu den "Rothschilds". Aber zunächst einmal musste die notwendige Finanzierung von irgendwoher kommen. Mit zweiundzwanzig Jahren begann er, an der Börse zu "spekulieren", eine höchst unwahrscheinliche Beschäftigung für einen Mann, der immer ohne Geld gewesen war.

Ein gewisser Thomas Jones - mehr als wahrscheinlich ein Deckname - fand zweitausend Pfund für den Anfang und dann neuntausend Pfund - eine enorme Summe zu jener Zeit, um in einen mittellosen und unerfahrenen Schriftsteller zu investieren! Es braucht nicht viel Fantasie, um zu dem Schluss zu kommen, dass "Thomas Jones" kein anderer als Nathan Rothschild war. Wie schon bei den Biografen von Napoleon Ier, Bismarck, Metternich, Marschall Soult (der Napoleon bei Waterloo verriet), Karl Marx, Bombelles, Lassalle, Hertz, Kerenski und Trotzki gab es auch für Disraeli, einen ehemaligen Nicht-Entitäten, reichlich Lob. J. G. Lockhart, der Schwiegersohn von Sir Walter Scott, war außer sich, als er 1825 schrieb:

> Ich kann offen sagen, dass ich nie einen vielversprechenderen jungen Mann kennengelernt habe. Er ist ein Gelehrter, ein

fleißiger Student, ein tiefgründiger Denker, von großer Energie, gleicher Ausdauer, unermüdlichem Fleiß und ein kompletter Geschäftsmann. Seine Kenntnis der menschlichen Natur und die praktische Tendenz all seiner Ideen haben mich oft bei einem jungen Mann überrascht, der kaum über das zwanzigste Lebensjahr hinausgekommen ist.

Ein anderer geblendeter Freund schrieb:

> Er hatte keinen Rang, keine wichtigen Freunde, kein Vermögen, aber er war ein fähiger Wissenschaftler, der das Establishment mit der Kühnheit seiner Konzeption und seinen glänzenden Triumphen blendete. Er hatte dieses höchste Vertrauen in sich selbst, das einem virtuellen Genie gleichkommt. Er ließ sich nie entmutigen.

Natürlich war er das! Unterstützt von Nathan Rothschild lag ihm die Welt zu Füßen. Wenn nur die Geschichte umgeschrieben werden könnte!

> Die englische Aristokratie wurde von der "französischen" Revolution nicht vernichtet und blieb unerbittlich gegen die Juden, bis Disraeli sie im Namen der Rothschilds besiegte. Disraeli war das trojanische Pferd, das sich in das Herz der englischen Gesellschaft und ihres politischen Establishments eingeschlichen hatte.
>
> (Dokumente von Graf Cherep-Spiridovich und dem British Museum)

Im Dezember 1922 veröffentlichte der British Guardian einen Artikel von Dr. John Clarke, der es wert ist, zitiert zu werden:

> Und wie diese mächtige Firma [die Rothschilds] die Regierung von Frankreich und England regiert, lässt sich aus zwei aktuellen Vorfällen ableiten. Der Sekretär der französischen Gesandtschaft, Herr Thierry, in der Botschaft in London hat vor einigen Monaten eine Jüdin aus dem Rothschild-Clan geheiratet. Und nun sind die versteckten Mentoren der neuen "konservativen" Partei von Bonar Law [der britische Premierminister, der versprach, Disraelis Politik zu folgen] dieselben.
>
> Die Regierung veranlasste ihn, einen "liberalen" Nichtdiplomaten als Botschafter nach Paris zu schicken, die

Marquise de Crewe, deren Frau die Tochter von Hannah Rothschild, Gräfin von Roseberry, ist. Hier haben wir die eigentliche Grundlage der britisch-französischen Entente - 'R.F. ', was für Rothschild Frères, die Rothschild-Brüder, steht, umfasst das Britische Empire, die Französische Republik und die meisten anderen Republiken und Königreiche zwischen Moskau und Washington.

Wer ebnete den Weg für solch erstaunliche Veränderungen auf der politischen Bühne Englands? Es war Disraeli, der den Premierminister Bonar Law "kontrollierte". In Buckles *Leben von Disraeli* gibt der Autor keinen Hinweis darauf, wer Disraeli:

> "Keine Karriere in der englischen Geschichte ist wunderbarer als die von Disraeli, und keine wurde bislang von einem größeren Geheimnis umhüllt."

Tatsächlich gab es überhaupt kein "Geheimnis". Aber für Nathan und seinen Sohn Lionel Rothschild hätte Disraeli außerhalb seines kleinen, engen Familienkreises nie existiert. Von 1832 bis 1837 hatte Disraeli große Probleme mit unbezahlten Schulden. Im April 1835 war er gezwungen, einen Großteil seiner Zeit im Haus zu verbringen, um "nicht von den Gläubigern gezwickt zu werden", wie er in einem Brief an seine Geliebte Lady Henrietta Sykes schrieb.

Im August 1835 begab sich Disraeli nach Bradenham, um seinen Gläubigern zu entkommen. Einer von ihnen ist ein gewisser Austen, der damit droht, ihn verhaften zu lassen und in ein Schuldnergefängnis zu stecken. In Bradenham versucht er, seinen Roman *Henrietta Temple zu* schreiben. Zu dieser Zeit überschatten seine Schulden sein Schreiben. Im Juli wurde ein weiterer seiner Gläubiger, ein Thomas Mash, der auf die Zahlung gedrängt hatte, drängend und Disraeli ging in der Angst (wenn er sich nach draußen wagte) vor einer bevorstehenden Verhaftung.

Da er ständig in großen finanziellen Schwierigkeiten steckte, im Alter von 20 Jahren hoch verschuldet war und es ihm nicht gelang, einen Sitz im Unterhaus zu erringen, was er von 1832 bis 1837 versucht hatte, machten die Rothschilds, die ihn seit seinem zehnten Lebensjahr überwachten, ihn zu ihrem "Diener".

Als Benjamin 1849 an seine Schwester Sarah schrieb, gab er dies zu. Dieses Jahr war die schlimmste finanzielle Phase seines Lebens. Er wurde von seinen Gläubigern schikaniert und musste vor einem Strafgericht erscheinen, als, wie er es in seinem Brief an Sarah ausdrückte, "Mayer Rothschild unabsichtlich die Katze aus dem Sack ließ".

Disraeli hat England nicht "in die höchste Position gehoben", wie Buckle behauptet. Im Gegenteil: Was er tat, war, England auf eine Reihe von katastrophalen Kriegen vorzubereiten. Er versetzte Generationen von Engländern mit seinen Lügen über das "große Russland", das angeblich eine Gefahr und Bedrohung für Großbritannien darstellte, in Angst und Schrecken. Premierminister Gladstone bezichtigte Disraeli der Lüge. War er aufrichtig, was die angebliche russische "Gefahr" betraf?

Lord Gladstone sagte, es gebe nur zwei Dinge, bei denen er "ernst" sei: seine Frau und seine Rasse. Gladstone wusste natürlich nicht, dass Benjamin es mit den Rothschilds "ernst" meinte, über die er selten sprach, was vielleicht daran lag, dass niemand, egal welchen Ranges, die Rothschilds ungestraft herausfordern konnte. Benjamin Disraeli war der richtige Mann für die Rothschilds, Lionel, Mayer, Anthony und ihre Familien, einschließlich der Montefiores. In einem Brief an seine Schwester Sarah schrieb er, dass nach seinen Flitterwochen eine Party bei Mrs. Montefiore stattgefunden hatte und dass es "nicht einen einzigen christlichen Namen" gegeben habe.

Es besteht kein Zweifel daran, dass Benjamin seinen Mentoren große Dienste erwiesen hat, indem er sie von seiner hohen Position aus mit "Informationen" versorgte.

Es ist bekannt, dass es eine dieser "Spionagearbeiten" war, die es den Rothschilds ermöglichte, die lukrative Anleihe für den Suezkanal aufzulegen.

Als ein von Disraeli eingefädelter "Staatsstreich" beschrieben, waren die Fakten nicht so einfach. Durch seinen geheimen "Nachrichtendienst" erfuhr Disraeli, dass der Khedive von Ägypten, Ishmail Pascha, seine Anteile an der Compagnie

Universelle de Suez verkaufen wollte.

Dank der "Informationen", die von Von Thurn und Taxis bei der Postkontrolle geliefert wurden, wird Disraeli am 15. November 1875 darüber informiert, dass der Khedive mit zwei französischen Banken über den Verkauf der Aktien verhandelt. Disraeli eilte sofort zu Baron Lionel de Rothschild, der sich bereit erklärte, der britischen Regierung zu diesem Zweck ein Darlehen zu gewähren. Der Geheimplan wurde von Lionel und Disraeli ausgearbeitet und dem britischen Kabinett am 24. November zur Annahme vorgelegt. Lionels Geschick, so schnell zu handeln, wird nicht erwähnt, und so bleibt es in den Augen der Öffentlichkeit ein "Disraeli-Coup".

Diese Erzählung aus den gesammelten Werken von Generalmajor Graf Cherep-Spiridovich trägt wesentlich dazu bei, die Mythen und Legenden zu zerstreuen, die sich um das Leben und die Zeit von Nathan Rothschild, seinen nahen und fernen Verwandten, die in London lebten, und dem legendären Disraeli gebildet haben.

KAPITEL 6

Benjamin Disraeli: Ein Spion im Dienste der Rothschilds

Die Rothschilds waren immer bereit, Benjamin aus seinen finanziellen Problemen zu befreien, insbesondere in den Jahren 1835, 1849, 1857 und 1862, als sich seine Schulden auf etwa 300.000 US-Dollar beliefen und er sie nicht zurückzahlen konnte. Angesichts seines Feindes, des Herzogs von Portland, der ihn verfolgte, wurde ihm von einem Strohmann des Baron de Rothschild, einem gewissen Philip Rose, "Geld geliehen", der zufällig zur gleichen Zeit wie Baron Rothschild im selben Hotel in Torquay wohnte. Wir gehen davon aus, dass Rose Rothschild überredet hat, Disraeli das benötigte Geld zu leihen. Torquay liegt an der Ostküste Englands und war ein modischer Badeort mit schönen Hotels und Kurorten, die oft von den Royals und ihren Angehörigen besucht wurden. In einem Brief an seine Schwester im Dezember desselben Jahres schrieb Benjamin:

> "Er gibt seinen Freunden gern, nicht leiht, denn er nimmt nie Zinsen von mir ...".

Ich habe mir vorgenommen, die Geschichte einiger der bekanntesten Persönlichkeiten der Welt zu untersuchen und zu versuchen, herauszufinden, welche Rolle die Rothschilds in ihrem Leben gespielt haben. Aus demselben Grund werde ich auch Revolutionen und Kriege untersuchen. Dies ist eine schwierige Aufgabe, die jedoch mehr denn je notwendig ist.

Es gab so viele Lügen in der Geschichte der herrschenden Elite, dass unsere Sinne abgestumpft sind, und ich frage mich, wie die Wahrheit jemals den einfachen Menschen dieser Welt bekannt werden kann, die die Last dieser Umwälzungen tragen mussten und nie wussten, warum sie so schreckliche Opfer bringen mussten. Natürlich verfügen sie über die von der Propaganda eingehämmerten Erklärungen, die die meisten Menschen zufriedenstellen, aber für diejenigen, die die Wahrheit erfahren wollen, war es nie genug, von "Patriotismus" und "Vaterlandsliebe" zu sprechen, "die Welt für die Demokratie sicher zu machen" und einen "Krieg zur Beendigung aller Kriege" zu führen. Ich kann nicht allzu weit in der Geschichte zurückgehen, also lassen Sie uns mit einigen der explosivsten Umwälzungen beginnen, die die Welt heimgesucht haben, beginnend mit dem 18 Jahrhundert und den beteiligten Persönlichkeiten, und dann weiter bis zum 20 Jahrhundert. Aus Platzgründen beschränken wir uns auf die markantesten Aspekte dieser Ereignisse.

Obwohl es keine handfesten Beweise für die Beteiligung der Rothschilds an der Katastrophe der Französischen Revolution gibt, neigen Historiker zu der Annahme, dass sie diese durch einige ihrer Agenten ausgelöst haben. Ihr bekannter Hass auf das Christentum und ihr Wunsch, Frankreich von der christlichen Monarchie, die es repräsentierte, zu befreien, waren die treibende Kraft hinter der Revolution. Die Gegnerschaft zum Christentum war der Faktor, der die Rothschilds dazu motiviert haben soll, indirekte Maßnahmen zu ergreifen, um bei jeder Gelegenheit gegen das Christentum vorzugehen.

Eines wurde in der Vergangenheit deutlich: Alle Kriege, die seither geführt wurden, dienten der Förderung des internationalen Sozialismus, für den die Rothschilds glühende Anhänger waren.

Aus Dokumenten des British Museum geht hervor, dass die Rothschilds seit 1770 tief in alle Aufstände und Kriege verwickelt waren. Indirekt gibt es Beweise dafür, dass ein Zweig der Rothschilds über die Bank von Moses Mocatta, dem Onkel von Sir Moses Montefiore, an der Finanzierung der Französischen Revolution beteiligt war. Dessen Bruder Abraham Montefiore war mit Jeanette, der Tochter von Mayer Amschel, verheiratet.

Mayer Amschels Sohn Nathan heiratete 1806 die Schwägerin von Sir Moses Montefiore. Eine weitere Tochter von Abraham Montefiore, Louisa, heiratete 1840 Sir Anthony Rothschild.

Eine sachliche Annäherung an die Geschichte macht deutlich, dass die jüdischen Bankhäuser von Daniel Itzig, David Friedlander, Herz Geribeer und Benjamin und Abraham Goldsmidt die wichtigsten Finanziers der "französischen" Revolution waren. Interessanterweise wurden von den achtundfünfzig Ehen, die die Nachkommen von Mayer Amschel schlossen, neunundzwanzig zwischen Cousins ersten Grades geschlossen.

Ab 1848 beschleunigte sich das Tempo. Marx legte fest, dass alle Kriege den Zweck haben sollten, den internationalen Sozialismus voranzubringen, und Lenin und Trotzki schrieben dies in der kommunistischen Doktrin fest. Der Erste Weltkrieg wurde entfesselt, um den Bolschewismus in Russland zu etablieren, eine "Heimstätte für die Juden in Palästina" zu schaffen, die katholische Kirche zu zerstören und Europa zu zerstückeln.

Der erste Versuch einer einheitlichen Weltregierung wurde unter der Verkleidung des Völkerbunds gestartet. Der Zweite Weltkrieg wurde geführt, um Japan und Deutschland zu zerstören - zwei Länder, in denen der Nationalgeist besonders stark war -, um die UdSSR zu einer kommunistischen Weltmacht zu machen und um die Reichweite des Bolschewismus auf drei Viertel der Welt auszudehnen. Nach dem Krieg wurden die USA dazu gedrängt, sich dem nächsten Versuch einer einheitlichen Weltregierung, den Vereinten Nationen, anzuschließen.

Der Zweite Weltkrieg veränderte das Gesicht der Vereinigten Staaten, die von ihrem großen Kontingent an internationalen Sozialisten in Machtpositionen gezwungen wurden, sich von ihrer Verfassung und ihrer republikanischen Regierungsform zu entwöhnen und die Rolle des neuen Römischen Weltreichs zu übernehmen. Kurz gesagt, die USA wurden von ihrer christlichrepublikanischen Regierungsform in eine imperiale Macht verwandelt, die die Welt für und im Namen des internationalen Sozialismus erobern sollte.

Hinter diesen gewaltigen Veränderungen standen Macht, Geld und die lenkende Hand der Rothschilds. Ich werde versuchen, einen Überblick über die wichtigsten Ereignisse zu geben, die diese Kriege und andere historische Ereignisse von höchster Bedeutung ausgelöst haben.

Zum Zeitpunkt des Ausbruchs der Revolution in Frankreich waren der Adel und der Klerus gegenüber den französischen Bürgern liberal. Sie hatten Arbeits- und Pressefreiheit; laut Louis Dastés Buch *La Franc-Maçonnerie et la Terreur*, das sich auf Archive aus der Zeit vor dem 10. August 1789 stützt - war alles, was das französische Volk in Bezug auf Freiheit, keine übermäßigen Steuern und Religionsfreiheit wollte, gewährt worden. Wenn ich eines aus der Geschichte gelernt habe, dann ist es, dass es eine böse Macht gibt, die jede Form von Freiheit und Gerechtigkeit für die gewöhnlichen Menschen auf der Welt hasst und zu Tode bekämpft.

Jedes Mal, wenn ein solches Regierungssystem eingeführt wurde, kamen diese geheimen und bösartigen Herrscher und stürzten die wohlwollenden Regierungen mit extremer Gewalt und Grausamkeit. Ein Beispiel ist Russland, wo Zar Alexander II. einer neuen Verfassung zugestimmt hatte.

Sein Minister Stolypin hatte die Maschinerie in Gang gesetzt, um Land an Bauern zu vergeben und Banken zu verstaatlichen; Zar Nikolaus verbot Kriege mit der Drohung, "den Ersten zu erschießen, der schießt", und die Zaren waren als die gebildetsten, gelehrtesten und anmutigsten Menschen der Welt bekannt. Stolypin wurde von den bolschewistischen Revolutionären grausam ermordet, um die Umsetzung der vom Zaren versprochenen Freiheiten und Reformen zu verhindern.

Am 4. August 1789 stürmten dreiundachtzig Unbekannte das Pariser Rathaus und riefen "Wir sind die 300" (und enthüllten damit versehentlich die verborgene Hand ihrer Kontrolleure).

In Frankreich ist das Rathaus in der Regel das Zentrum der Zivilverwaltung. Robespierre und Danton schlossen sich dem darauf folgenden Blutrausch nicht sofort an. Stéphane Lausanne, Chefredakteur von Le *Matin de Paris*, erklärte in einem Artikel vom 6. Januar 1923:

> Wir Franzosen glauben, alles über die Kräfte auf unserem Planeten zu wissen. Aber wir wissen nichts über die Männer, deren Namen die Massen nicht einmal buchstabieren können. Diese Männer, die mächtiger als Cäsar oder sogar Napoleon sind, bestimmen das Schicksal des Globus. Diese Männer lenken die Staatsoberhäupter, kontrollieren und unterwerfen die regierenden Figuren , manipulieren den Handel, lösen Revolutionen aus oder unterdrücken sie.

Er meinte natürlich die sieben Rothschilds und das Komitee der 300. Was er nicht wusste, war, dass die Rothschilds Napoleon als ihr Instrument geschaffen und kontrolliert hatten und dass sie sich seiner entledigten, sobald das korsische Genie dies erkannte und in einen Zustand der Rebellion geriet, dessen erste Manifestation die Scheidung von seiner Frau, der Kreolin Josephine, war. Philip Francis, der im *New York American* unter der Überschrift "The Poison in America's Cup" schrieb, erklärte:

> In der Theorie regieren wir uns selbst; in Wirklichkeit werden wir von einer Oligarchie des amerikanischen Zweigs der Internationalen Bankiersföderation, der Koalition der Plünderer, regiert. Die britische Regierung ist die Tarnung, hinter der die Geldkönige dieser Welt ihren Wirtschaftskrieg gegen die Volksmassen bislang versteckt haben.

Es gibt keine direkten Beweise dafür, dass die Rothschilds am Ausbruch der Französischen Revolution beteiligt waren, aber es gibt zahlreiche Hinweise darauf, dass Mirabeau ebenso wie sein Partner Talleyrand Mitglied der Loge Les Amis Réunis war. Mirabeau und Talleyrand entdeckten Napoleon, der bis dahin nur ein obskurer Offizier der französischen Armee gewesen war. Es wird angenommen, dass viele Details der Französischen Revolution im Palast des Landgrafen von Hessen in Wilhelmsbad besprochen wurden, wo sich die wichtigsten Freimaurer bekanntlich häufig trafen, was eine Verbindung zu

Mayer Amschel herstellt, der "das tödliche geheime Konklave jenseits der Freimaurer und unbekannt für sie" leitete, in dem die "französische" Revolution geplant wurde.

Über Wilhelmsbad gab es auch eine Verbindung zu Adam Weishaupt, dem Gründer der Illuminaten. In dem bereits erwähnten Buch *The Rothschild Money Trust* heißt es auf Seite 17:

> Es wird auch angenommen, wie sie behaupten, dass die Illuminaten eine große Rolle bei der Entstehung der blutigen Tage von 1789 spielten, die sie vorbereiteten und angeblich von Juden finanziert wurden, und dass das "große Haus Rothschild" damals gerade seinen finanziellen Höhepunkt erreicht hatte. Es gibt Beweise dafür, dass dieser Aufstand gegen das Königtum vom "großen Haus Rothschild" finanziert wurde und dass die Französische Revolution von Juden angezettelt wurde. Sie war der letzte Akt, der die Juden von ihren politischen und zivilen Nachteilen in Frankreich befreite.

Zum Leidwesen der Geschichte liefert *The Rothschild Money Trust* keine genauen Quellen, die die Behauptung stützen, dass die Französische Revolution von den Rothschilds finanziert wurde.

Nachdem Amschel 1782 das immense Vermögen des Landgrafen von Hessen-Kassel "erworben" hat, bittet er Weishaupt, der zu dieser Zeit ein Leben wie ein Bettler führt, um Hilfe. Weishaupt ist ein Mann aus einfachen Verhältnissen, der darum kämpft, das Geld für die Bezahlung einer illegalen Abtreibung aufzutreiben, die an seiner Schwägerin vorgenommen wurde. Nach seinem Gespräch mit Amschel taucht Weishaupt in Paris auf und hat Millionen von Francs zur Verfügung. Er "importiert" mindestens 30 000 Kriminelle der schlimmsten Sorte und bringt sie in Paris in Verstecken unter. Dasselbe tut er in Deutschland. Als alle Vorbereitungen abgeschlossen sind und die Kulisse im Jahr 1789 steht, bricht in Paris die Hölle los. Laut dem Autor Pouget St. André, einem Chronisten der in Frankreich ausbrechenden Revolution, ist Danton ebenso wie Robespierre, dessen richtiger Name Ruben lautet, Jude. Pouget St. André, Autor von *Les Auteurs de la*

Révolution Française, stellte die Frage, die bis heute nicht beantwortet wurde:

> " Warum hat der Konvent so viel Blut vergossen? Es heißt, das Blutvergießen sei durch den Hass des Volkes auf die privilegierte Klasse verursacht worden. Wie lässt sich der geringe Anteil der hingerichteten Aristokraten erklären, der nur 5 % aller Verurteilten betrug? Warum wurden die Reformen zu einem exorbitanten Preis von 4 Milliarden Francs und 50.000 Köpfen erkauft, obwohl Ludwig XVI. sie bereits kostenlos angeboten hatte?"

Ernest Renan schrieb in seinem Werk *"La Monarchie constitutionnelle en France" (Die konstitutionelle Monarchie in Frankreich)*: Die Ermordung König Ludwigs XVI. war ein Akt des hässlichsten Materialismus, des schändlichsten Bekenntnisses von Undankbarkeit und Niedertracht, der rotureskesten Schurkerei und des Vergessens der Vergangenheit. Nichts außer dem Blutdurst derer, die den König zu Tode brachten, rechtfertigte ein solches Opfer.

KAPITEL 7

Zeugnisse der Schrecken der Französischen Revolution

Diejenigen, die die Arbeit der Geheimgesellschaften und ihrer Handlanger bei der Übernahme Frankreichs geleistet hatten, wurden anschließend hingerichtet, einige von ihnen auf schreckliche Weise und mit äußerster Grausamkeit, darunter - wie man sich vorstellen kann - auch Danton und Robespierre, um sie zum Schweigen zu bringen, damit sie nicht eines Tages in Versuchung geraten könnten, zu enthüllen, wer die Personen hinter der Revolution waren.

Mord war damals wie heute die beliebteste Waffe, die gegen diejenigen eingesetzt wurde, die versuchten, den Willen der "300" zu durchkreuzen.

Lord Acton hat in seinem Essay über die Französische Revolution folgende Beobachtung gemacht:

> Das Bestürzende ist nicht der Tumult, sondern die Konzeption. Durch all das Feuer und den Rauch hindurch nehmen wir die Offensichtlichkeit einer berechnenden Organisation wahr. Die Anführer bleiben sorgfältig verborgen und maskiert, doch an ihrer Anwesenheit bestand von Anfang an kein Zweifel.

Wir werden noch auf den russisch-japanischen Konflikt von 1904 zurückkommen, auf diejenigen, die ihn inszenierten und finanzierten, und auf ihre Gründe, aber für den Moment zitieren wir beiläufig, was der Chefredakteur der *New York Evening Post* am 9. Dezember 1924 sagte:

> Irgendwo hinter dem Nebel der Propaganda versuchen finstere, unsichtbare Hände, die friedlichen Beziehungen zwischen

Russland und Japan zu zerstören. Japan will keinen Krieg. Amerika will ganz sicher keinen Krieg. Warum also das ewige Geschrei, Japan sei ein Feind, den man im Auge behalten, dem man misstrauen, gegen den man sich bewaffnen und schließlich kämpfen müsse?

Von allen historischen Persönlichkeiten der letzten drei Jahrhunderte ist keine bekannter als Napoleon. Dennoch wird kaum etwas darüber gesagt, wie er von der Dunkelheit zum Ruhm gelangte.

Wie die meisten von den Rothschilds "adoptierten" Personen ist Napoleon sehr arm, als Talleyrand ihn den Rothschilds vorstellt. Er hatte nicht das nötige Geld, um die Rechnung für die Wäscherei zu bezahlen, und besaß nur ein einziges Hemd. Seine Uniform hatte er von Josephine de Beauharnais erhalten, die er später heiratete, nachdem Graf Paul de Barras sie zurückgewiesen hatte, nachdem sie seine Geliebte gewesen war.

Im Jahr 1786 war Napoleon ein Unterleutnant, ein armer, mittelloser untergeordneter Offizier, der von Tür zu Tür ging und nach einer Arbeit suchte, um seinen Sold aufzubessern. Es war eine Zeit, in der die Völker Europas des theoretischen Dreiklangs "Freiheit, Gleichheit und Brüderlichkeit" überdrüssig geworden waren. Amschel war enttäuscht, dass Weishaupt in seinem Kampf gegen die katholische Kirche kaum Fortschritte gemacht hatte, und er suchte nach "neuen Talenten". Das Feuer und der Eifer des Korsen haben Amschel genug beeindruckt, dass er ihm die Mittel für ein anständiges Leben gewährt. H. Fischer schreibt in einem im British Museum eingesehenen Artikel:

> "1790 gelang es Napoleon mit Mitteln, die damals als skrupellos galten, sich zum stellvertretenden Befehlshaber eines ganzen Bataillons wählen zu lassen."

Wie gelangte er dorthin? Charles MacFarlane hat in seinem Werk *The Life of Napoleon* (es befand sich früher im British Museum, wo ich es einsehen konnte) etwas Licht auf diesen "erstaunlichen Aufstieg zur Macht" geworfen.

Augustin Robespierre, der jüngere Bruder des schrecklichen Diktators, hatte Bonaparte bei der Einnahme von Toulon im Jahr

1798 kennengelernt. Es ist eine unbestreitbare Tatsache, dass er mit Augustin, der ebenso skrupellos sein sollte wie sein älterer Bruder, eine Vertrautheit entwickelte, die den Anschein einer warmen Freundschaft hatte.

Laut der Autobiografie von Wolf Tone (Barry 1893) war Robespierre ein Illuminist.

Napoleon, der dem Namen nach Christ ist, spürte schnell den Hass auf das Christentum, der in Amschels Brust brannte, und griff daher zur Simulation, um seinen neuen Geldgeber zufrieden zu stellen. Er wendet sich gegen die katholische Kirche. Die Demütigung des Papstes ist für Amschel eine sehr angenehme Aussicht, und das Geld beginnt in immer größeren Mengen in Napoleons Taschen zu fließen.

So wird sein "verblüffender Aufstieg zur Macht", seine "erstaunlichen Erfolge" erklärt! Wie es in der modernen Sprache heißt, sind die Schriftsteller und Biografen Napoleons einfach nicht der Spur des Geldes gefolgt.

Weishaupts Versagen bei der Zerstörung der katholischen Kirche, dem Ziel, für das er von Amschel "aufgebaut" worden war, war ärgerlich, aber als er auf Napoleon aufmerksam wurde, wurde ihm das ganze Werk übertragen. Wie es vollbracht werden sollte, wurde in den Freimaurerlogen in Paris, die von Talleyrand besucht wurden, und in Frankfurt von Amschel geplant.

Es war Talleyrand, der zu Napoleon sagte:

> Krieg ist die einzige Möglichkeit, die Kirche zu zerstören.

H.G. Wells erkannte dies, als er das korsische Genie als "harten, kompetenten, fähigen, initiativen (Revolutions-)Zerstörer" bezeichnete, ließ aber seinen Geldgeber unerwähnt, ohne dessen Geldmassen ihm diese Charaktereigenschaften nicht viel genutzt hätten.

Wie Kerenski, Trotzki, Disraeli, Lloyd George und Bismarck bemächtigte sich Amschel Napoleons, als dieser noch keine Bedeutung hatte, und machte ihn zum wichtigsten Mann Europas.

Obwohl sich H. G. Wells darüber beschwerte, dass er die Revolution nicht weitergeführt hatte, war das nicht die Frage. Als Amschel Napoleon mit großer Mehrheit zum Ersten Konsul auf Lebenszeit ernennen ließ, war die Bühne bereitet, um den Vorhang für Europa zu heben.

Solange er Amschels Auftrag, die christlichen Monarchien und die katholische Kirche zu zerstören, erfüllte, führte Napoleon ein verzaubertes Leben und eilte von einem Erfolg zum nächsten. *How Great Was Napoleon* ist ein hervorragendes Buch von Sidney Dark, das ich im Britischen Museum gefunden habe, in dem er schreibt:

> Napoleon, der ohne jeglichen Vorteil durch Reichtum oder hohe Abstammung geboren wurde, übernahm die Weltherrschaft, bevor er 35 Jahre alt war, und beendete seine Karriere der unübertroffenen romantischen Unmöglichkeit im Alter von 46 Jahren.

Dabei werden die Mächte hinter Napoleon, Amschel und seine Millionen und die Planer innerhalb der Freimaurerlogen in Paris und Frankfurt völlig vergessen. Am 9. März 1796 heiratete Napoleon Josephine de Beauharnais, eine Kreolin mit unersättlichen sexuellen Gelüsten, die bereits ihre Uniform bezahlt hatte.

Die Hochzeit wurde von den Rothschilds über Graf Paul de Barras arrangiert, der Napoleon auch zum Oberbefehlshaber der Armee in Italien ernannt hatte.

Josephine war Barras' Geliebte, aber da er ihrer überdrüssig war, wollte er ihre Beziehung beenden. Um zu verhindern, dass sie Rache an ihm schwor, sorgte der Graf von Barras dafür, dass sie Napoleon heiratete, was kaum die "romantische" Wendung ist, die praktisch alle Autoren über das Leben und die Zeit Napoleons gelegentlich geben.

Josephine hilft de Barras mit vertraulichen Informationen, die ihr Mann ihr mitgeteilt hat und die natürlich direkt an die Rothschilds weitergeleitet werden. Die Krönung Napoleons 1804 wird von Amschel gleichgültig behandelt, aber er ist alarmiert, als der Papst eingeladen wird. Die Rothschilds sind bestürzt und wütend, als Napoleon sich 1810 von Josephine scheiden lässt und die Erzherzogin Marie-Louise heiratet. Die Rothschilds erkennen an, dass es von nun an immer weniger Möglichkeiten geben wird, Königreiche zu zerstören und die katholische Kirche zu unterdrücken.

Bereits 1810 waren die Würfel gegen Napoleon gefallen und James Rothschild machte sich an die Arbeit, ihren ehemaligen Helden zu ruinieren.

Die vollständige Geschichte von Napoleons allmählicher Desillusionierung, von seinem Erwachen, als er entdeckte, dass er nicht für Frankreich kämpfte, sondern vielmehr für eine ausländische Macht, um seinen Einfluss auf die Nation als notwendige Folge der Revolution zu stärken, die Rolle der Illuminaten und Freimaurer bei seinem unglaublichen Aufstieg, machten ihn immer wütender.

Seine Erkenntnis war langsam und schmerzhaft, aber sobald sein Geist für die Wahrheit offen war, begann Napoleon, sich gegen seine Kontrolleure aufzulehnen. In seinem Buch *History of Napoleon* behauptet G. Bussey, Napoleon habe sich verändert, seinen wilden Wunsch nach Krieg verloren und erklärt:

" Gott sei Dank habe ich meinen Frieden mit der Welt gemacht."

Die Rothschilds brauchten ihr altes Werkzeug nicht mehr. Sie finanzierten und errichteten eine Front, die sich "Liga gegen Napoleon" nannte. Die Mentoren, die Napoleon zu vernachlässigen begonnen hatte, wandten sich nun gegen ihn. Karl Rothschild beeilte sich nun, die Beziehungen zwischen dem Papst und Napoleon zu verschlechtern, der ohne Napoleons Wissen die Verhaftung des Heiligen Vaters durch General Radet anordnete. Der Papst reagierte darauf mit der Exkommunikation des Kaisers.

Napoleon hatte versucht, die Gunst des Papstes zu gewinnen. Er spürt, wie ihm der Boden unter den Füßen weggezogen wird, während sich ein Ereignis nach dem anderen gegen ihn wendet. Ein Attentatsversuch des Illuminaten-Agenten Stapps wird durch die Wachsamkeit von General Rapp vereitelt.

Während des Russlandfeldzugs kam es zu Versorgungsproblemen und Nahrungsmittelmangel. Napoleon erkennt nicht, dass es sich um eine gezielte Sabotage seiner Armee handelt. Er war gezwungen, einen Rückzug aus Moskau anzuordnen, bei dem Tausende von Soldaten, die an ihren Verletzungen und der Kälte starben, von den hinter ihnen eintreffenden Rothschild-Agenten erbarmungslos erschossen wurden.

Der Verlust an christlichen Leben ist schrecklich. Das Scheitern der Eroberung des Papstes beunruhigt Napoleon ernsthaft, dessen Vertrauen schwindet. Er notierte Folgendes:

> Der Papst hätte als zusätzliches Mittel zur Bindung der föderierten Teile des Reiches erobert werden können. Ich hätte meine religiösen Sitzungen genauso gut wie meine legislativen Sitzungen haben sollen. Meine Räte wären die Vertreter der Christenheit gewesen, und der Nachfolger des heiligen Petrus wäre ihr Präsident gewesen.

Zu spät, denn Karl Rothschild hatte bereits dafür gesorgt, dass ein solcher Plan nicht gelang. Kein Historiker kann sagen, warum Napoleon 1812 Russland angriff. Theorien gibt es viele, aber keine davon ist begründet. Alexander Ier erklärte dazu:

> "Napoleon hat auf die abscheulichste Weise Krieg gegen mich geführt und mich auf die perfideste Weise betrogen".

Napoleon seinerseits vertraute General Gourgaud an:

> Ich wollte keinen Krieg gegen Russland führen. Bassano und Champagny [Außenminister] überzeugten mich, dass die Note Russlands eine Kriegserklärung sei. Ich glaubte wirklich, dass Russland einen Krieg wollte. Was waren die wahren Gründe für den Feldzug in Russland? Ich weiß es nicht, vielleicht wusste der Kaiser selbst nicht mehr als ich.

Die Rothschilds ruinierten Napoleon in der Schlacht von Waterloo. Er wurde von Marschall Soult verraten, einem Mann, mit dem er sich angefreundet hatte, der aber auf der Gehaltsliste der Rothschilds stand. Napoleon hatte Soult mit einem Gehalt von mehreren Millionen Francs zum Herzog von Dalmatien gemacht und ihn zum Maréchal des Logis ernannt. Bei Waterloo gelang es Soult nicht, Genappe einzunehmen und zu halten, ein wichtiges Dorf, um die Flanke von Napoleons Armee zu verankern.

Schlimmer noch: Marschall Grouchy, der eigentlich Verstärkung bringen sollte, traf 24 Stunden zu spät ein, obwohl er die Kanonen gehört hatte und wusste, dass die Schlacht bereits begonnen hatte. Über Soult beschwerte sich Napoleon bitterlich:

> Soult, mein stellvertretender Befehlshaber in Waterloo, half mir nicht so sehr, wie er es hätte tun können... Sein Personal war trotz meiner Befehle nicht organisiert. Soult ließ sich sehr leicht entmutigen... Soult war nichts wert. Warum hielt er während der Schlacht in Genappe nicht die Ordnung aufrecht?

Schlimmer noch: Am Morgen der Schlacht mischte ein Feind im persönlichen Stab des Korsen eine Substanz in sein Frühstück, die ihm schreckliche Kopfschmerzen bereitete. So groß ist die Macht der Rothschilds und der Geschichtsfälschung; ohne den Verrat und die Verratshandlungen gegen ihn hätte Napoleon Blücher und Wellington vernichtend geschlagen. Soult diente seinen Herren gut; sie gaben ihm einige der höchsten Ämter in Frankreich. Dass er Bismarcks Vater ist, wurde oft angedeutet, aber nie bewiesen. Zu einer Zeit war Bismarcks Mutter die Geliebte von Soult, was Bismarck selbst bestätigte:

> Es waren nicht meine Talente oder Fähigkeiten, die mich groß gemacht haben, sondern die Tatsache, dass meine Mutter die Geliebte von Soult [einer der 300] war, die mir alle geholfen haben.

Bismarck wurde von den Rothschilds über die Menkens "gemacht". Sein Vater William hatte eine Louise Menken geheiratet, von der Graf Cherep-Spiridowitsch behauptete, sie sei Jüdin gewesen. Marschall Soult, der Napoleon bei Waterloo verriet, war Mitglied des Komitees der 300, das bis zu seinem Tod die höchsten Ämter in Frankreich bekleidete.

Soult war oft auf dem Landsitz von William Bismarck anwesend und wurde weithin als Vater des jungen Bismarck angesehen. Es war dieser "Einfluss" auf Bismarcks Mutter, der den jungen Bismarck unter der Kontrolle von James Rothschild hielt. Im Jahr 1833 ging Bismarck durch schwierige Zeiten und drohte, seinen Besitz zu verlieren. Über Disraeli freundete sich James Rothschild mit dem jungen Bismarck an und versuchte, ihn zu einem zukünftigen "konservativen" Herrscher Europas zu machen. Oscar Arnim, Mitglied des Reichstags, heiratet Bismarcks Schwester Malian.

Nach der Heirat stand Bismarck vollständig unter der Führung von Lionel Rothschild. Dass Bismarck sich dessen bewusst war, geht aus einer Aussage von Walter Rathenau aus dem Jahr 1871 hervor:

> Denen, die Bismarck hartnäckig als großes politisches Genie, als Mann des Schicksals, der wie Napoleon mit dem Siegel einer tragischen Vorbestimmung behaftet war, behandelten, wiederholte Bismarck, dass er nicht an große Männer der Vorsehung glaube; seiner Überzeugung nach verdankten politische Berühmtheiten ihren Ruf, wenn schon nicht dem Zufall, so doch zumindest Umständen, die sie selbst nicht hätten voraussehen können.

KAPITEL 8

Bismarck enthüllt die "hohen Finanzsphären, die Europa beherrschen".

Bismarck wusste sicherlich, dass der amerikanische Bürgerkrieg von dem, was er "die großen Finanzmächte Europas" nannte, angezettelt wurde. Dies wird durch den bemerkenswerten Bericht bestätigt, den Conrad Siem im März 1921 in *La Vieille France*, N 216, veröffentlichte.

Laut Siem hatte Bismarck 1876 mit ihm über den Bürgerkrieg gesprochen:

> Die Aufteilung der Vereinigten Staaten in zwei Föderationen wurde lange vor dem Bürgerkrieg von den großen Finanzmächten Europas beschlossen. Diese Bankiers hatten Angst, dass die Vereinigten Staaten, wenn sie als Einheit und Nation blieben, wirtschaftliche und finanzielle Unabhängigkeit erlangen würden, was ihre Weltherrschaft erschüttern würde. Die Stimme der Rothschilds ist vorherrschend.
>
> Sie sahen eine gewaltige Beute, wenn sie zwei schwache Demokratien, die ihnen etwas schuldeten, an die Stelle der kräftigen, selbstbewussten und autonomen Republik setzten.
>
> Lincoln ahnte nie etwas von diesen unterirdischen Machenschaften. Er war ein Gegner der Sklaverei und wurde auch als solcher gewählt. Doch sein Charakter hinderte ihn daran, der Mann einer einzigen Partei zu sein. Als er die Geschäfte in der Hand hatte, erkannte er, dass diese finsteren Finanziers Europas, die Rothschilds, ihn zum Vollstrecker ihrer Absichten machen wollten. Sie machten den Bruch zwischen Nord und Süd unmittelbar bevorstehend! Die Finanzherren in

Europa haben diesen Bruch endgültig gemacht, um ihn maximal auszunutzen...

Lincolns Persönlichkeit überraschte sie. Sie dachten, sie könnten den Holzfäller-Kandidaten leicht täuschen. Seine Kandidatur bereitete ihnen keine Sorgen. Doch Lincoln durchschaute ihre Verschwörungen und erkannte schnell, dass der Süden nicht der größte Feind war, sondern die Finanziers. Er vertraute seine Befürchtungen nicht an, sondern beobachtete die Gesten der Verborgenen Hand. Er möchte nicht öffentlich ausstellen, was die unwissenden Massen verwirren könnte.

Er beschließt, die internationalen Bankiers auszuschalten, indem er ein Kreditsystem einführt, das es den Staaten ermöglicht, ohne Zwischenhändler direkt vom Volk Geld zu leihen.

Er hatte nicht Finanzwesen studiert, aber sein robuster gesunder Menschenverstand verriet ihm, dass die Quelle allen Reichtums in der Arbeit und der Wirtschaft einer Nation liegt. Er widersetzte sich der Ausgabe von Banknoten durch die internationalen Finanziers. Er erwirkte vom Kongress das Recht, dem Volk Geld zu leihen, indem er ihm die Staatsanleihen verkaufte.

Die einheimischen Banken waren nur zu gerne bereit, einem solchen System zu helfen, und die Regierung und das Volk entgingen den Verschwörungen der ausländischen Finanziers. Sie erkannten sofort, dass die Vereinigten Staaten ihrem Zugriff entgehen würden. Der Tod Lincolns wurde aufgeklärt. Nichts ist leichter, als einen Fanatiker zu finden, der entschlossen ist, zuzuschlagen. Lincolns Tod ist eine Katastrophe für das Christentum.

In den Vereinigten Staaten gab es keinen Mann, der groß genug war, um seine Stiefel zu tragen. Die internationalen Finanziers haben sich wieder auf den Weg gemacht, um die Reichtümer der Welt zu erobern. Ich fürchte, dass sie mit ihren Banken, ihrer Schlitzohrigkeit und ihren gewundenen Tricks - den überbordenden Reichtum Amerikas vollständig kontrollieren und ihn nutzen werden, um die moderne Zivilisation systematisch zu korrumpieren. Ich fürchte, dass sie nicht zögern werden, die gesamte Christenheit in Kriege und Chaos zu stürzen, damit die Erde ihr Erbe wird.

(Ich möchte wiederholen, dass die Vorbereitung dieses Buches zehn Monate intensiver Forschung zu diesem speziellen Thema im British Museum erforderte. Die Bücher, deren Quellen zitiert werden, wie *Talks With Napoleon at St. Helena* und *Propaganda in the Next War* sowie die Werke von John Reeves - und viele andere erwähnte Bücher sind möglicherweise nicht mehr erhältlich).

Russland weckte bei den Rothschilds einen besonderen Hass und sie stellten sich gegen die Familie Romanow. Die Tochter von Tiesenhaus, einem angesehenen deutschen Historiker, schrieb, dass sie das Misstrauen ihres Vaters gegenüber dem Zaren teilte:

... Aber nachdem sie ihn kennengelernt hatte, war sie, wie viele andere auch, von Alexanders Offenheit, Energie und edlem Charakter beeindruckt. Dieser Eindruck verwandelte sich in eine loyale und hingebungsvolle Freundschaft. (Kaiser Alexander - Frau de Choiseul-Guffress)

Laut Graf Cherep-Spiridowitsch versuchte Nathan Rothschild, eine Revolution in Russland anzuzetteln, was ihm aber nicht gelang, und Lionel gestand Disraeli, dass sie in Deutschland vorbereitet wurde:

"Die wichtigsten Agenten von James Rothschild III wurden gegen Zar Nikolaus I. mobilisiert, um einen Krieg zu der Krim zu provozieren, aber sie konnten nicht gewinnen, also vergifteten sie Nikolaus I. im Jahr 1855." (British Museum Papers, Hidden Hand, Seite 119)

Bei diesen kapitalen Ereignissen spielte Disraeli eine große Rolle, entweder als "Beichtvater" oder als Berater der Rothschilds. Wie die Rothschilds die Kontrolle über Marie Louise übernahmen, schildert Frau Edith E. Cuthell in ihrem Buch *An Imperial Victim*: Im Dezember 1827 erhielt Marie Louise, die Witwe Napoleons Ier, von Rothschild ein Darlehen über zehn Millionen Francs.

Am 22. Februar 1829 verlor sie ihren Ehemann, Graf Neipperg, was allen Historikern ein Rätsel bleibt.

Fürst Metternich, der nur ein einfacher "Kommis" von Salomon

Rothschild aus Wien gewesen war, sagte Bombelles, einem weiteren Schützling Rothschilds, dass er sich einen Mann wünsche, der den schwachen Charakter von Marie Louise lenken könne. Bombelles wird zu Marie Louises Vertrautem und heiratet sie schließlich.

Die Rothschilds hatten nun über Bombelles, der ihr Herz erobert hatte, als sie noch Gräfin Niepperg war, die volle Kontrolle über Napoleons Witwe.

Laut dem Autor Edmond Rostand war Bombelles extrem schön. In Bezug auf Bombelles beschreibt Mrs. E.E. Cuthwell ihn wie folgt:

> Er hat noch mehr Ehrgeiz. Mit seiner sanften Stimme flüsterte er den Frauen ins Ohr. Bombelles wünschte sich, eine Miss Cavanaugh zu heiraten, die über Geld verfügte. Er erreichte sein Ziel. Seine Frau starb und hinterließ ihm ihr Herz in einem Bleigehäuse. Er begrub es. Ein Jahr später hatte er eine verzweifelte Leidenschaft für eine andere reiche Erbin, die ihn jedoch ablehnte (*Ein kaiserliches Opfer*, Seite 321).

Nach Maries Tod wird Louise Bombelles zur Kontrolleurin des österreichischen Kaisers ernannt.

> Gerüchte, sie sei an einer Vergiftung gestorben, kursierten in Parma und verbreiteten sich weiter. (Seite 373)

Graf Cherep-Spiridowitsch berichtet, was dann folgte:

> Bombelles wurde, unterstützt von Salomon und dessen Kommissär Metternich, zum "Erzieher" des zukünftigen österreichischen Kaisers Franz Joseph ernannt. Bombelles war der verantwortliche Autor der schrecklichsten Illoyalität, Niedertracht und Grausamkeit Österreichs, die ab 1848 die ganze Welt in Erstaunen versetzte, als der erst achtzehnjährige Franz Joseph de jure Kaiser wurde und Bombelles als "Macht hinter dem Thron" die Befehle Rothschilds entgegennahm und ausführte. Ihre erste Tat war, dass sie ihr Wort an Nikolaus Ier brachen, der als "conditio sine qua non" Gnade für den ungarischen General Sheezeny und seine Truppen forderte. Franz Joseph erwürgte sie, sobald die russischen Truppen Österreich verlassen hatten. (*Die verborgene Hand*, Seite 123)

Die Rothschilds waren nicht nur Geldverleiher, sondern auch Spekulanten. Das größte Interessengebiet für sie war der Bau von Eisenbahnen in Europa und Russland, die sie beschlagnahmten und behielten. In einem Bericht über diese Bemühungen, der in den Unterlagen des British Museum enthalten ist, zwang James Rothschild Frankreich, die Finanzierung seiner Nordeisenbahn zu akzeptieren:

> Die Regierung übernahm die Verpflichtung, 100 Millionen Francs für den Bau der Plattform auszugeben. James stimmte zu, 60 Millionen für die Lieferung von Waggons usw. auszugeben.
>
> Er erhielt 40 Jahre lang 17 Millionen pro Jahr als Einkommen, d. h. 620 Millionen Zinsen plus das Kapital von 60 Millionen. In diesem Unternehmen verwendeten die Rothschilds 60 Millionen des Geldes ihrer Einleger, für die sie 4 % Zinsen zahlten, d. h. 2.400.000 pro Jahr, und erhielten so 14.600.000 Francs pro Jahr für ihre Unterschrift. Um die Nation zu täuschen, behauptete *das Journal des Débats* im Juli 1843, Rothschild sei ruiniert. Die französische Presse spielte bereits fünfzig Jahre vor dem Panamaskandal die Rolle des agent provocateur. Die Rothschilds begehrten die reiche Beute, die die Eisenbahn darstellte, um jeden Preis. Für eine Weile durchlebte die französische Regierung eine Phase der Ehrlichkeit und war so kühn, ihre Raubzüge einzudämmen.
>
> Im Jahr 1838 schlug Mr. Martin von der Northern Railway Company dem Parlament ein vom Staat zu errichtendes Eisenbahnnetz vor. Wäre Mr. Martins Plan, der auf den beiden Säulen des Bank- und Transportmonopols beruhte, vom Parlament gebilligt worden, wäre der Finanzfeudalismus von Anfang an getötet worden. Doch die Rothschilds fanden über die von ihnen kontrollierte Presse einen Weg, die Eisenbahnen zu erwerben. Im Jahr 1840 wurden die West- und die Südstrecke an die Rothschilds und die Foulds vergeben.

(Die Foulds waren internationale Bankiers, die strategisch in Frankreich platziert wurden, um die Befehle der Rothschilds auszuführen.) Im Jahr 1845 gehörten alle wichtigen Linien diesen beiden Gesellschaften. Einer der prägnantesten Journalisten über die *Rothschilds* war John Reeves, der das Buch *The Rothschilds - The Financial Rulers of Nations* schrieb. Die folgenden Kommentare aus dem Buch zeigen, wie prägnant Reeves war und wie er den geheimnisvollen Vorhang um die Rothschilds durchdrang, dessen Beobachtungen über Nathan Rothschild vielleicht unübertroffen sind:

> Die Höhe des Vermögens, das er hinterließ, blieb immer geheim. Das Unternehmen sollte von den vier Söhnen in Zusammenarbeit mit ihren Onkeln im Ausland geleitet werden. Jeder seiner Töchter hinterließ er 500.000 US-Dollar, die konfisziert werden sollten, wenn sie ohne die Zustimmung ihrer Mutter und ihrer Brüder heirateten.
>
> Es gab keine Vermächtnisse an seine Angestellten oder wohltätige Vermächtnisse. ... Das erste Mal, dass Nathan der englischen Regierung half, war 1819, als er das Darlehen von 60 Millionen Dollar zeichnete. Von 1818 bis 1832 gab Nathan acht Darlehen über die Summe von 105.400.000 US-Dollar aus.
>
> Mit Spanien oder den südamerikanischen Staaten, die einst die spanische Flagge anerkannt hatten, hätte er nie etwas zu tun gehabt. Die Erklärung einiger Historiker ist, dass dies an der spanischen Inquisition lag. Eine der Ursachen für seinen Erfolg war die verschlungene Politik, mit der er diejenigen, die ihn beobachteten, täuschte.
>
> 1831 übernahm Nathan Mayer die Kontrolle über die Quecksilberminen von Idria in Österreich und gleichzeitig über die ähnlichen Minen von Almadena in Spanien. Damit war das gesamte Quecksilber, das als Medikament unentbehrlich ist, in seinen Händen, und er verdoppelte und verdreifachte den Preis. Dies hatte schreckliche Folgen für die Kranken und Leidenden aller Nationen...

Ein weiterer genauer Berichterstatter über die Rothschilds ist M. Martin, dessen Buch *Stories of Banks and Bankers* einige interessante Fakten enthält. Nathan zahlte seinen Angestellten nie einen Cent mehr, als für ihren Lebensunterhalt notwendig war, oder zumindest keinen Cent mehr, als sie ihn zu zahlen zwangen.

Als Reeves über Lionel Rothschild schrieb, machte er in seinem Buch auf den Seiten 205-207 folgende Anmerkungen:

> Lionel konzentrierte seine Gedanken ausschließlich auf die

Konsolidierung seines immensen Vermögens. Seine Unternehmungen waren von großer Vorsicht geprägt. Lionel war besonders aktiv bei den Verhandlungen über ausländische Anleihen, denn diese sowohl lukrative als auch relativ risikofreie Tätigkeit zog er allen anderen vor. Im Laufe seines Lebens war sein Unternehmen an der Ausgabe von nicht weniger als achtzehn Staatsanleihen im Gesamtwert von siebenhundert Millionen Dollar interessiert. Auf die Einzelheiten dieser Transaktionen einzugehen, würde bedeuten, die Finanzgeschichte Europas nachzuzeichnen.

Um zu verstehen, wie die Rothschilds insbesondere in ihrem speziellen Fachgebiet, dem Geldverleih an Regierungen in Europa und der ganzen Welt, florierten, habe ich die Arbeit von John Reeves, dessen Buch wir schon oft zitiert haben und auf das wir uns auch im weiteren Verlauf dieses Buches beziehen werden, sowie die Quellen in den Dokumenten des Britischen Museums untersucht.

KAPITEL 9

Ein sehr vernachlässigter Aspekt der Negersklaverei in Amerika

Bevor ich auf den Aspekt der erfolgreichen Geldverleihung in Amerika eingehe, wie sie von den Rothschilds praktiziert wird, möchte ich die Frage der Sklaverei ansprechen, die in den letzten Jahren aufgekommen ist. Einige sagen, dass die Nachkommen der Schwarzen für die Entbehrungen, die ihre Vorfahren erlitten haben, entschädigt werden sollten.

Dies ist eine wichtige Frage, da die Rothschilds die Sklaverei als Vorwand benutzten, um den amerikanischen Bürgerkrieg anzuzetteln. Die Idee soll von Benjamin Disraeli, Lionel und James gekommen sein, die sich nach der Hochzeit von Lionels Tochter, zu der sich alle Rothschilds in London versammelt hatten, an den Tisch setzten. Laut Graf Cherep-Spiridovich:

> ... Die Rothschilds haben den amerikanischen Bürgerkrieg geplant und absichtlich herbeigeführt.

Obwohl es seit 1812 Konflikte zwischen dem Süden und dem Norden gab, wäre der Krieg ohne die verborgene Hand der Rothschilds vielleicht nie zustande gekommen.

Durch das Manipulieren und Entfachen von Leidenschaften wurde der Konflikt zu einem Kriegsgrund, auch wenn der Süden allmählich erkannte, dass die Sklaverei keinen wirtschaftlichen Vorteil bot.

Die Sklaverei hätte in den Vereinigten Staaten niemals erlaubt werden dürfen, aber leider war sie es doch. Es gibt verschiedene

Arten von Sklaverei. In Europa lebten die Armen in der Sklaverei der bitteren Armut und der Verschlechterung ihrer Lebensumstände. In England und Irland war es ungefähr die gleiche Geschichte . Die Armen lebten unter schrecklichen Bedingungen. Ihre Söhne wurden eingezogen, um in den Streitkräften zu dienen, und Millionen von ihnen verloren ihr Leben.

Die britischen Generäle, insbesondere Lord Douglas Haig, waren dafür bekannt, dass sie sich nicht für die schweren Verluste interessierten, die sie erlitten. In Irland verhungerten Millionen von Menschen. Obwohl die Sklaverei universell hätte verurteilt werden müssen, wurde sie in Amerika dennoch geduldet, doch vergleichsweise erlitten die armen Bevölkerungsschichten in Europa, Irland und England ebenso große Strapazen wie die Sklaven in Amerika.

Gelegentlich fragte man sich, ob die Sklaven in Amerika ihren Zustand mit dem der Sklaven in Irland und England tauschen wollten. Aber die verborgene Hand der Quäker und "Abolitionisten" ließ die Trommel der Verleumdungen gegen den Süden so lange weiter schlagen, bis die Dämonen, die die ganze Sklavenfrage erfunden hatten, um sie aufzudecken, ihren Willen bekamen.

Die schwarzen Sklaven in Amerika waren in der Regel nicht so entsetzlichen Bedingungen ausgesetzt. Wenn wir also die manchmal übertriebenen Beschreibungen der Sklaverei in Amerika betrachten, wie sie von Abolitionisten und Quäkern geschrieben, gepredigt und dargelegt wurden, müssen wir, wenn wir unparteiisch sind, zugeben, dass die schwarzen amerikanischen Sklaven vergleichsweise viel besser behandelt wurden als die Armen in Europa und Großbritannien:

> Zu Beginn des 19.[e] Jahrhunderts hatte Großbritannien aufgrund der falschen Regierungsprinzipien und der ignoranten und blinden Kultivierung von Handel und Industrie den Anschein eines Staates, der zu den gegensätzlichsten und widersprüchlichsten Extremen getrieben wurde.
>
> England rühmte sich, die freieste Verfassung Europas zu haben,

verbarg jedoch die größte Tyrannei; es besaß unbegrenzte Reichtümer, ließ jedoch die armen Bauern in Irland verhungern, während die Entbehrungen und die Not unter den arbeitenden Klassen so groß und unbeschreiblich waren, dass sie in Aufständen und Rebellionen zu enden drohten.

Die Schwierigkeiten, die die ärmsten Klassen erdulden mussten, wurden durch den schändlichen Zustand unseres politischen Systems noch verschlimmert. Die Moral war am Boden, Korruption und Intrigen waren an der Tagesordnung. Die Gedanken aller waren darauf gerichtet, das Leid anderer völlig zu vergessen.

Die Korruption war so weit verbreitet, dass die Unabhängigkeit der Krone und die der Wahlkreise bedroht waren. (Sir William Molesworth)

1797 gerieten die englischen Banken in tiefe Verlegenheit, hauptsächlich wegen der Forderungen der Regierung, die jedes Jahr Millionen für den Krieg und zur Unterstützung der Hälfte der Kontinentalmächte durch Subventionen aufnahm. (John Reeves, *The Rothschilds*, Seite 162)

Es scheint, dass selbst die Rothschilds nicht an ihr Glück glauben konnten. Die Figur, "Sidonia", die Disraeli in seinem Roman *Coningsby* schuf und die eigentlich auf Nathan Rothschild basierte, sagte:

Kann man sich etwas Absurderes vorstellen, als dass sich eine Nation an eine Einzelperson wendet, um ihren Kredit und mit ihrem Kredit ihre Existenz als Reich aufrechtzuerhalten? (Seite 248)

Dieser Satz beschreibt sehr genau die Rothschild-Bankiers und ihre Einflussnahme auf die britische Regierung durch hohe Kredite.

Kein Wunder, dass Präsident Garfield einmal gesagt hat: Wer das Geld kontrolliert, kontrolliert diese Nation. Die Nachkommen der Rothschilds setzten diese Tradition fort. So finanzierte Lionel Rothschild beispielsweise das Suezkanal-Projekt der britischen Regierung. Es ist mehr als wahrscheinlich, dass der Suezkanal ohne Lionels finanzielle Unterstützung vielleicht gar nicht gegraben worden wäre.

Es war Lionel Rothschild, der die 20 Millionen Dollar zahlte, die die britische Regierung für das Land bezahlte, das sie dem Khedive abgekauft hatte. Doch wie bei all ihren Geschäften forderte und erhielt Lionel eine hohe Rendite: 500.000 Pfund für ein paar Nachträge, die nur ein paar Stunden seiner Zeit in Anspruch nahmen.

Schon viel früher war Mayer Amschel der Ansicht, dass es für die Rothschilds von Vorteil wäre, seinen Sohn Nathan nach England zu schicken, wo er sich in Manchester niederließ. Sir Thomas Buxton zufolge wurde der Grund, warum Amschel Nathan nach Manchester zum Leben schickte, in diesem Buch bereits teilweise erläutert.

Viele englische Fabrikanten schickten 1789 einen Mann nach Frankfurt, um ihre Waren anzubieten. Der Trick der Rothschilds bestand darin, ihn lange zu behalten und ihm dann den größten Auftrag für Deutschland zu geben.

In der Zwischenzeit wird Nathan nach Manchester geschickt, wo er alle verfügbare Baumwolle und Farbstoffe kauft. Als der Vertreter mit Bestellungen nach Manchester zurückkehrte, mussten sich die Fabrikanten an Nathan wenden, um diese Materialien zu erhalten, und er verlangte den dreifachen Preis von ihnen und weigerte sich sogar, die Ware zu verkaufen, sodass sie seinem Vater enorme "Schadensersatzzahlungen" leisten mussten. Anschließend brachte er die Baumwolle und die Farbstoffe zu Herstellern, die sie für ihn zum niedrigsten Preis produzierten. Dieser grundlegende Trick brachte viele Menschen in Manchester in den Ruin.

Diese Plünderung empörte ganz Manchester. Nathan flüchtete verängstigt nach London, wo die Londoner Börse seinem Ausbeutungstalent ein größeres Feld bot. Später konnte sich keiner der Börsenmitglieder wie Nathan rühmen, sein Kapital innerhalb von fünf Jahren um das 2500-fache gesteigert zu haben (John Reeves, *The Rothschilds*, Seite 167).

Ein weiterer Grund, warum Nathan plötzlich nach London reiste, wird in den erwähnten Dokumenten im British Museum genannt:

Ein weiterer Grund war, dass Wilhelm IX. von Hessen-Kassel (1785-1821) von Amschel überredet worden war, seine Geschäfte von van Nottens Bank nach London in Nathans Hände zu verlegen. Natürlich begleitete "versehentlich" eine ganze Bande Frankfurter Illuminaten Nathan nach London und versuchte, das Gleiche zu tun, aber die Briten waren zu klug, um sich täuschen zu lassen.

Als Frankreich in Deutschland einmarschierte, gab Wilhelm IX. [seither Kurfürst genannt] Amschel 3 000 000 Dollar, die er an Nathan in London schickte, damit sie nicht in Napoleons Hände fielen. Zu diesem Zeitpunkt verfügte die East India Company über Gold im Wert von 4 Millionen Dollar. Nathan kaufte es und erhöhte den Preis. Er brachte das Gold in London an sich. Diese Vereinbarung blieb bestehen und selbst heute noch legt N.M. Rothschild den Goldpreis auf täglicher Basis jeden Morgen fest und das Rothschild-"Fixing" wird weltweit als "offizieller" Goldpreis akzeptiert. [2]

Er [Nathan] wusste, dass der Herzog von Wellington sie brauchte. Nathan kaufte auch die Banknoten des Herzogs mit einem hohen Rabatt. Die Regierung bat Nathan, ihr sein Gold zu leihen, und Nathan transferierte es nach Portugal. Nathan verlieh sein Gold und es wurde ihm zurückgegeben, aber er verlangte die Rückzahlung der Banknoten des Herzogs zu ihrem vollen Wert. So gewann er 50 %. Dann lieh er sein Gold erneut zu 15 %, erhielt es zurück und transportierte es gegen eine enorme Provision nach Portugal.

Der Herzog brauchte das Gold, um die Versorger seiner Armee zu bezahlen, die alle portugiesische, spanische und holländische Juden waren . So erhielt Wellington nicht ein einziges Pfund Gold, sondern nur Aufträge an Nathans Agenten in Portugal, die von Rothschild in Frankfurt bezahlt wurden. Diese Transaktion brachte Nathan 100 % ein. So erzielten die Rothschilds mit dem Geld des Landgrafen riesige Gewinne, während sie alles für sich

---

[2] Die Rothschilds haben sich seit 2004 aus dem täglichen Fixing zurückgezogen, NDT.

behielten (Maria O'Grady und John Reeves).

Wie ich bereits erwähnt habe, sind die Nachkommen von Mayer Amschel zu den mächtigsten Männern der Welt geworden. Das Beispiel, das vielleicht mehr als jedes andere die Wahrheit dieser Beobachtung markiert, ist die Erzählung darüber, wie James Rothschild Nikolaus I. besiegte[er] von Russland. Er wandte sich an den russischen Revolutionär Hertzen:

> Der berühmte Autor Alexander Hertzen, einer der Pioniere (Anstifter) der russischen revolutionären Bewegung, wurde gezwungen, das Land zu verlassen. (Tatsächlich musste er nur wenige Stunden vor der Polizei aus Russland fliehen). Er kam in London an, wo er eine russische Zeitung namens "*The Bell*" herausbrachte. Hertzen war jedoch ein reicher Mann, der vor seiner Flucht ins Exil sein Vermögen in Staatsanleihen umgewandelt hatte. Die russische Regierung kannte die Nummern von Hertzens Anleihen, und als sie bei der Ankunft des Exilanten in London zur Zahlung vorgelegt wurden, wies Nikolaus Ier , in der Hoffnung, seinen Feind damit zu zerschlagen, die Regierungsbank in St. Petersburg an, die Zahlung zu verweigern.
>
> Die Bank gehorchte natürlich. Doch zum Glück für Hertzen fand er in dem älteren Rothschild einen wichtigen Unterstützer. Dieser teilte dem Zaren mit, dass er, da Hertzens Anleihen so gut wie alle anderen russischen Anleihen waren, widerwillig gezwungen sei, auf die Insolvenz der russischen Regierung zu schließen.
>
> Wenn die Anleihen nicht sofort bezahlt würden, würde er auf allen europäischen Geldmärkten den Bankrott des Zaren erklären. Nikolaus wurde besiegt. Er steckte seinen Stolz in die Tasche und zahlte die Anleihen. Hertzen selbst erzählt die Geschichte in *The Bell* unter der Überschrift "König Rothschild und Kaiser Nikolaus Ier " (*The Fortnightly Review*, von Dr. A.S. Rappaport, Seite 655).

Diese Erzählungen zeigen, wie sehr die Legende, Amschel Rothschild habe sein Geld als Pfandleiher verdient, vor der Realität bröckelt, und dennoch hält sich der Mythos, dass das Pfandleihgeschäft der Grund für Rothschilds Reichtum gewesen sei, hartnäckig. Mittlerweile kann man sagen, dass diese

Behauptung wenig bis gar keine Substanz hat.

Indem er über Lionel unter dem fiktiven Namen "Sidonia" sprach, gab Disraeli viele Hinweise auf die wahre Persönlichkeit seines Meisters:

> "Es war unmöglich, in ihn einzudringen. Seine Offenheit war strikt auf die Oberfläche beschränkt. Er beobachtete alles, wenn auch übervorsichtig, vermied aber ernsthafte Diskussionen. Er war ein Mann ohne Zuneigung".

Laut John Reeves:

> ... Die Brüder Rothschild, die sich seiner überlegenen intellektuellen Fähigkeiten voll bewusst waren, erkannten Nathan Mayer bereitwillig als denjenigen an, der am besten geeignet war, alle ihre wichtigen Transaktionen zu leiten. (*Die Rothschilds*, Seite 64)

Unter den vielen interessanten Fakten, die ich im British Museum in London entdeckt habe, ist eine der interessantesten die Geschichte der Gründer dessen, was später zu einer der größten Propagandamaschinen werden sollte, die die Welt je gesehen hat. Ich meine das Tavistock Institute for Human Relations, das zur ersten Denkfabrik für die Gehirnwäsche der herrschenden Elite Großbritanniens wurde. Das Tavistock Institute ist zu einer riesigen Organisation herangewachsen, die heute die USA beherrscht und Großbritannien. Diese riesige Organisation wurde 1914 im Wellington House in London zu Beginn des Ersten Weltkriegs gegründet.

Eine Propagandamaschine zu organisieren, die ein widerwilliges britisches Volk davon überzeugen würde, den Krieg mit Deutschland als notwendig für das Überleben des britischen Lebensstils zu betrachten, war keine leichte Aufgabe, da die Mehrheit des Volkes zu dieser Zeit keinen Krieg mit Deutschland wollte und ihn strikt ablehnte. Lord Northcliffe und Lord Rothmere wurden mit dem Propagandaunternehmen betraut. Tatsächlich waren die beiden Männer durch Heirat direkt mit den Rothschilds verwandt.

Eine der drei Töchter von Nathan Rothschild II war die 1807

geborene Charlotte, die ihren Cousin Anselm Salomon heiratete, den Sohn von Salomon, dem zweiten Kind von Amschel und Caroline Stern von den Sterns aus Frankfurt. Die Sterns waren direkt mit den Harmsworths aus England verwandt, von denen einer "Lord Northcliffe" und der andere "Lord Rothmere" wurde. Weitere Informationen über das Tavistock-Institut finden Sie unter: *Das Tavistock-Institut für menschliche Beziehungen.*

Jacob (James) Rothschild war zweifellos der wichtigste Mann Frankreichs, der vielen französischen Politikern und Führungskräften, die ihm ihre Position verdankten, den Fuß in die Tür gesetzt hatte. Er hatte einen weiten Weg zurückgelegt, seit er als dreizehnjähriger Junge kaum zur Schule gegangen war und stattdessen seinen Vater Mayer Amschel auf seinen zahlreichen Reisen durch Deutschland begleitet hatte.

Dort ist er den Beschränkungen ausgesetzt, die Juden auferlegt werden, wenn sie über die Grenzen der Fürstentümer reisen, da sie jedes Mal einen Liebzoll, eine Kopfsteuer, zahlen müssen. James hatte immer den Wunsch, Frankfurt zu verlassen und seinem Bruder Nathan nach London zu folgen, doch stattdessen schickt Amschel ihn nach Paris. Im März 1811 verließ er Frankfurt in Richtung dieser Stadt. Seine Ankunft in Paris blieb dem Finanzminister Mollien nicht verborgen, der ihn bei Napoleon meldete:

> Ein Mann aus Frankfurt, der sich derzeit in Paris aufhält und sich Rotschild (sic) nennt, beschäftigt sich hauptsächlich damit, Guineen von der englischen Küste nach Dünkirchen zu bringen.

François-Nicholas Comte Mollien war Napoleons wichtigster Berater und bekleidete von 1806 bis 1814 das Amt des Finanzministers.

Die Ankunft von James muss ein wichtiges Ereignis für Napoleon gewesen sein, der nicht wissen konnte, welch bedeutende Rolle James Rothschild bei seinem Sturz spielen würde. Natürlich waren die Rothschilds nicht nur im Schmuggel engagiert, auch wenn diese Tätigkeit weit verbreitet und für sie sehr lukrativ war. Als die Briten Frankreich blockierten, sah

Mayer Amschel eine seltene Gelegenheit, ein Vermögen zu machen, und das tat er auch, und zwar in Gold.

> Mit zweiundzwanzig Jahren war James ein unattraktiver junger Mann mit fast unterwürfigen Manieren. Einige seiner Zeitgenossen waren nicht so liebenswert. Castellane, der zusammen mit Mirabeau und Clément-Tonnerrre den Pariser Hochadel bildet, findet James schrecklich hässlich, obwohl er der Adonis der Rothschilds ist". (*Baron James*, Anka Muhlstein, Seite 61)

Andere waren noch strenger:

> Ein monströses Gesicht, das flachste, abgeflachte, furchterregendste Amphibiengesicht mit blutunterlaufenen Augen, geschwollenen Lidern und einem geifernden Mund, der wie ein Sparschwein geschlitzt ist, eine Art goldener Satrap, das ist Rothschild. (Goncourts, *Journal* Paris 1854 Vol. Ill, 7)

James nahm 1814 Kurs auf Paris, als er das Handelsgericht bat, die Eintragung seines Bankhauses zuzulassen.

Zuvor hatte er nur als Vertreter der "Zentrale" in Frankfurt gehandelt. Dies änderte nichts an der starken Verbindung zwischen ihm, London und Frankfurt, sondern formalisierte sie vielmehr und verlieh ihm einen wichtigeren Status in Paris. Nun zieht er für den französischen Fiskus Steuern ein und engagiert sich im großen Stil in der Geldverleihung.

Wenn sich das Vermögen des Königs änderte, und durch die Restauration (Napoleons 100 Tage) war es egal, wer die Geschäfte leitete, alle waren James Rothschild zu Dank verpflichtet.

Er schien in der Lage zu sein, die Seiten zu wechseln, ohne auch nur einen Funken seines Gesichts oder seines Einflusses zu verlieren.

Napoleons Ende bei Waterloo, das von seinem Bruder Nathan von London aus inszeniert wurde, hatte eine sehr profitable Beziehung zu König Ludwig zur Folge, dessen Rückkehr an die Macht durch die Rothschilds ermöglicht wurde, die das nötige Kapital liehen. Die Schwächung Napoleons und seiner

Regierung war das Werk der Rothschilds, die nun von dem Bonus profitierten, den die Restauration mit sich brachte. Napoleons kaum verhohlene Abneigung gegen die Juden trug zu seinem Sturz bei. Die Rothschilds hatten in Angst vor Napoleon gelebt, nachdem er sich geweigert hatte, christliche Könige und Nationen anzugreifen. Als der Frieden zurückkehrte, wurden Bankkredite zur größten und besten Möglichkeit, Geld zu verdienen, und die Rothschilds nutzten sie bis zum Äußersten aus.

KAPITEL 10

Nathan Rothschild saldiert die französischen Schulden

Die französische Regierung musste ihre Kriegsentschädigungen begleichen und dafür musste sie sich Geld leihen. Indem Nathan Rothschild Ludwig XVIII. das Geld für eine triumphale, aber würdige Rückkehr lieh, sicherte er James einen "Platz an der Sonne". Die Geldsumme soll 5 Millionen Francs betragen haben.

Getreu den Lehren des alten Mayer Amschel machte Nathan nichts von nichts. Sein Spielplan für die Anleihe bestand darin, den König zu zwingen, die Türen zu öffnen, damit Jacques in die höchsten Kreise der Gesellschaft eintreten konnte, an deren Spitze der Herzog von Richelieu, der Premierminister von Paris, stand.

Zunächst leistete Richelieu Widerstand, aber er ahnte nicht, wie hartnäckig Nathan war. Starker Druck auf ihn wurde vom Marquis d'Osmond, dem französischen Botschafter in London, und vom Grafen Esterhazy, dem österreichischen Botschafter, ausgeübt, die beide bei Nathan hoch verschuldet waren. Schließlich willigte de Richelieu, obwohl er über diese ungebührlichen Druckversuche äußerst verärgert war, ein, James zu empfangen. Die Dinge blieben nicht dabei stehen.

Anschließend steckte James den Polizeichef Decazes in die Tasche, indem er ihn mit "Sonderinformationen" versorgte, die er von der deutschen Familie von Thurn und Taxis erhielt, die den Postvertrag innehatte. Sie öffneten einfach die für die Rothschilds interessante Post und leiteten den Inhalt dann an

James in Paris, Nathan in London oder Mayer in Frankfurt weiter. Interessanterweise gehörte die Familie von Turn und Taxis dem Komitee der 300 an. Es war ein doppelter Vorteil, die so gewonnenen Informationen an Decazes weiterzugeben und nicht an de Richelieu, an den sie eigentlich hätten gehen sollen. Im Gegenzug hielt Decazes James über jede antijüdische Bewegung oder politische Intrige, die sich gegen seine Bank richtete, auf dem Laufenden.

Da sein Kreis wichtiger Personen immer größer wurde, beschloss Jacques, dass er ein Haus brauchte, das seinem Status besser entsprach, ein Haus, in dem er in dem prunkvollen Stil, den man von ihm erwartete, Gäste empfangen konnte. Er fand dieses Haus in einem ehemaligen Privathaus der Königin Hortense in der Rue La Fitte, das einem Pariser Bankier namens Laborde gehört hatte, der 1794 der Guillotine zum Opfer gefallen war. Hortense, die Tochter der Kaiserin Josephine, war Königin von Holland geworden, nachdem sie Napoleons Bruder Louis geheiratet hatte.

James kostete es ein Vermögen, das Haus umbauen und neu einrichten zu lassen; nach einigen Angaben beliefen sich die Rechnungen auf über drei Millionen Franken. Als das Haus 1834 fertiggestellt war, wurde es zum Gesprächsthema in der Stadt.

Heinrich Heine, der deutsch-jüdische kommunistische Philosoph, der Herzog von Orléans und Prinz Leopold von Coburg waren häufige Gäste bei James' glanzvollen Abendveranstaltungen.

Als Fürst Metternich und sein Gefolge, darunter der brillante Preuße Friedrich von Gentz, der das Vertrauen des großen Mannes genoss, nach Paris kamen, gab James ein Fest, das mit allem wetteiferte, was seit der Rückkehr des Königs in Paris zu sehen gewesen war. Selbst der mächtige Herzog von Wellington wagte es nicht, eine Einladung von James bei seinem Besuch in Paris abzulehnen.

James behandelte von Gentz herablassend und spielte mit seiner Schwäche für Frauen, viele Frauen, und versorgte von Gentz durch "leichte Bedingungen", wie man heute sagt, mit dem Geld, das er brauchte. Von Gentz bekam alle Frauen, mit denen er umgehen konnte, sowie viele andere Luxusgüter, die er sich bis dahin nicht hatte leisten können. So wurde James zum "Besitzer" von von Gentz.

> James' Palast wird zu einem Anziehungspunkt für alle Arten von Politikern, insbesondere für Kommunisten und Sozialisten breit gefächerten Geistes. Einer von ihnen, Ludwig Borne, ist ein glühender Verfechter der Idee, dass alle Könige Europas entthront und durch James ersetzt werden sollten, mit Ausnahme von Louis Philippe, der in Paris gekrönt werden würde, so dass die Krönungszeremonie nicht vom Papst, sondern von James Rothschild geleitet würde. (*Notre Dame de la Bourse*, 22. Januar 1832)

> Wie bereits erwähnt, war eine der von James Rothschild gesponserten Personen Heinrich Heine, der deutsche Dichter, der aus seiner Heimat desertiert war und sich in Paris niedergelassen hatte. Ob dies geschah, um in der Nähe von Rothschild zu sein, oder aus politischen Gründen, ist nicht sicher. Heine war ein bekennender Kommunist und stand mehr als wahrscheinlich auf der Subversivenliste der deutschen Polizei, was einer der Gründe sein könnte, warum er sich in Paris niedergelassen hatte. Rothschild half Heine auf unzählige Arten, insbesondere in finanzieller Hinsicht. Heine nahm James als Revolutionär wahr und lobte ihn dafür, dass er "einer der ersten war, der den Wert von Crémieux wahrnahm...". Herr von Rothschild war der Einzige, der Émile Pereire, den Pontifex Maximus der Eisenbahnen, entdeckte (Olivia Maria O'Grady)

Das stimmt nicht ganz, wie ich feststellte, als ich den Gewinnwinkel untersuchte, der James dazu brachte, in die neue Mode zu investieren. Pereira war ein junger sephardischer Jude, der von James angestellt wurde, um die Bauarbeiten Tag für Tag zu beaufsichtigen. Bei all dem entfernten sich James und Nathan nicht von den Tricks des Geschäfts, die ihnen Mayer Amschel beigebracht hatte, nämlich nie das Ziel aus den Augen zu verlieren, dass Geld alles ist.

Ein besonderer Vertrag, einer von vielen, die James und Nathan angeboten wurden, war der als offizieller Agent, der die Zahlungen an die in Colmar im Elsass stationierten österreichischen Truppen abwickeln sollte. Die Rothschilds erhielten den Auftrag, indem sie billiger verkauften als alle Konkurrenten. Das Geschäft war riskant, da es den Transport von Münzen in von Banditen verseuchte Gebiete beinhaltete, was eine teure Versicherung erforderte. Statt physisches Geld zu transportieren, sorgte James dafür, dass die Rothschild-Kredite bei den örtlichen Banken angelegt wurden und die Soldaten damit bezahlt wurden. Da sie das Risiko ausgeschaltet hatten, konnten James und Nathan beträchtliche Provisionen kassieren.

Dies wurde zur Grundlage für neue Geschäfte, da der Geldtransfer auf dem gesamten Kontinent und nach London nun auf diese Weise erfolgte und die Rothschilds das Monopol darauf hatten.

Um den Lesern einen Einblick in die immense Macht zu geben, die James ausübte, erzähle ich den folgenden Fall, der zu einem seiner berühmten Fälle wurde und zeigte, wie weit sein starker Arm reichen konnte. Ein gewisser Priester, Pater Thomas, und sein Diener verschwanden im April 1840 in Damaskus. Man vermutete Mord und die Verdächtigen, die zufällig Juden waren, wurden festgenommen, woraufhin sie den Mord gestanden.

> Die jüdische Welt protestierte sofort und vehement, dass die verhafteten Juden unschuldig seien und dass ihre Geständnisse unter Folter erzwungen worden seien. James und Salomon übten sofort ihren kombinierten Druck auf den Monarchen aus, und Salomon veranlasste Fürst Metternich von Österreich zum Handeln.
>
> Der österreichische Konsul von Laurin protestierte bei Muhammad Ali und berichtete direkt an James und Salomon über die getroffenen Maßnahmen. Der französische Konsul in Damaskus war jedoch vor Ort und nahm einen ganz anderen Standpunkt zu dem Mord und den Angeklagten ein; da die politische Implikation offensichtlich war, wagte Louis Philippe nicht, eine ungerechtfertigte Unterstützung der Juden gegen die Christen zu riskieren. Der Brief von James an Salomon ist von erheblicher Bedeutung. Er enthüllt deutlich die Methoden, die hinter den Kulissen von den Rothschilds angewandt wurden, um Druck auf Regierungen auszuüben und die öffentliche Meinung zu formen:

Meine Bemühungen haben leider noch nicht zu den erwarteten Ergebnissen geführt. Die Regierung handelt in dieser Angelegenheit sehr langsam; trotz der lobenswerten Aktion des österreichischen Konsuls, weil die Angelegenheit zu weit weg ist, als dass das öffentliche Interesse daran ausreichend geweckt werden könnte. Alles, was ich bisher erreicht habe, ist, wie *im* heutigen *Moniteur* berichtet, dass der Vizekonsul von Alexandria beauftragt wird, das Verhalten des Konsuls von Damaskus zu untersuchen.

Dies ist nur eine vorläufige Maßnahme, da der Vizekonsul dem Konsul unterstellt ist, so dass er keine Befugnis hat, den Konsul zur Rechenschaft zu ziehen. Unter solchen Umständen bleibt nur die allmächtige Methode, die Zeitungen um Hilfe zu bitten, und so ließen wir heute einen ausführlichen Bericht auf der Grundlage der Berichte des österreichischen Konsuls an die *Débats* und andere Zeitungen schicken, und wir haben auch dafür gesorgt, dass dieser Bericht ebenso ausführlich in der *Algemene Zeifung* in Augsburg erscheinen wird.

Wir hätten die Briefe, die Herr von Laurin in dieser Angelegenheit an mich gerichtet hat, sicherlich veröffentlicht, wenn wir nicht der Meinung gewesen wären, dass dies nur mit der vorherigen Genehmigung Seiner Hoheit des Fürsten von Metternich geschehen könnte.

Deshalb, mein lieber Bruder, in der Überzeugung, wie ich es bin, dass Sie gerne alles Mögliche für diese gerechte Sache tun werden, bitte ich Sie, den Prinzen in seiner Güte zu bitten, die Veröffentlichung dieser Briefe zu genehmigen. Die gnädigen Gefühle der Menschlichkeit, die der Prinz in Bezug auf diese traurige Episode zum Ausdruck gebracht hat, lassen uns zuversichtlich hoffen, dass diese Bitte nicht abgelehnt wird.

Wenn Sie die gewünschte Genehmigung erhalten haben, bitte ich Sie, mein lieber Salomon, den Brief nicht sofort nur im *Osterreicher Beobachter zu* veröffentlichen, sondern auch die Güte zu haben, sie sofort mit einem kurzen Begleitbrief an die *Augsburger Zeitung zu* senden, damit sie auch auf diesem Wege das Publikum erreichen können. (*Die unerzählte Geschichte,* Graf Cherep-Spiridowitsch)

Einige der wichtigen Staatsmänner, die die Rothschilds unter ihrer Kontrolle hatten, begannen, sich über ihre Macht und ihren

Einfluss Sorgen zu machen.

Einer von ihnen ist Fürst Metternich, der jedoch unter der festen Kontrolle von Salomon Rothschild stand und von ihm nur als "Handlanger" der Rothschild-Familie betrachtet wurde. Nachdem er einen großen Teil der Souveränität Österreichs eingetauscht hatte, begann Metternich ernsthafte Zweifel zu hegen:

> Aufgrund natürlicher Ursachen, die ich nicht als gut oder moralisch betrachten kann, übt das Haus Rothschild einen viel größeren Einfluss auf die französischen Angelegenheiten aus als das Außenministerium irgendeines anderen Landes, außer vielleicht England. Die große treibende Kraft ist ihr Geld. Menschen, die auf Philanthropie hoffen und unter der Last des Goldes jegliche Kritik unterdrücken müssen, benötigen eine große Menge davon. Die Tatsache der Korruption wird offen behandelt, dieses praktische Element, im umfassendsten Sinne des Wortes, im modernen repräsentativen System.

Metternich erkannte zu spät, dass er mit dem Verkauf Österreichs den internationalen Revolutionären in die Hände spielte, und als die revolutionären Feuer zu brennen begannen , musste Fürst Metternich trotz seines hohen Rangs und seiner Position mit Geld, das er sich von Salomon Rothschild geliehen hatte, aus Wien fliehen.

Historiker bezweifeln, dass Metternich jemals eine Ahnung von den revolutionären Kräften hatte, die er unfreiwillig mit ausgelöst hatte. Laut Dokumenten im British Museum ging die Weltrevolution 1848 in die nächste Runde und begann im Januar des Jahres in Sizilien.

> Die Großstädte Europas schienen von Wellen der Erregung bewegt zu werden. In Neapel breitete sich die Unordnung aus. In Paris wurde die rote Fahne auf den Barrikaden entrollt. Sozialistische Revolutionäre rissen die Arbeiter und Studenten am 22. Februar 1848 in einen blutigen Aufstand, und Guizot trat zurück (Olivia Maria O'Grady).

Es heißt, dass James Rothschild König Ludwig Phillipe überschätzte, weil er glaubt, dass er revolutionären Ideen positiv gegenübersteht.

Laut Professor William Langer, Inhaber des Coolidge-Lehrstuhls für Geschichte an der Harvard University ... Republikaner und andere Radikale hatten Louis Philippe als revolutionären Monarchen akzeptiert, bevor sie ihren Fehler zu spät entdeckten.

Das ist überraschend, denn James Rothschild galt als ein sehr kluger Charakterrichter, der die politischen Szenen wie eine Straßenkarte lesen konnte. Man kann es nicht mit Sicherheit sagen, aber Marschall Soult, ein enger Freund Nathan Rothschilds, bildete ein Ministerium mit dem Herzog de Broglie, Thiers und Guizot, wobei die beiden letzteren Männer einer besonders konservativen Seite der Politik angehörten, es könnte also eine Verbindung geben.

1830 entstehen in Italien und Polen von Marx und seiner Sozialistischen Internationale angestoßene Arbeiterforderungen, die von ihren Regierungen nicht erfüllt werden. Radikale Agitation und Gewalt setzen sich 1831 in Frankreich fort:

> Im November 1831 wird ein groß angelegter Arbeiteraufstand in Lyon nur mit Mühe niedergeschlagen. Die Geheimgesellschaften breiten sich rasch aus. Unter dem Regime der Pressefreiheit wurde der König in den radikalen Zeitungen, insbesondere von Honoré Daumier, rücksichtslos angegriffen und gnadenlos karikiert. Im Jahr 1834 kam es in Paris und Lyon zu großen Aufständen, die mit großer Härte niedergeschlagen wurden. Im Jahr 1845 versuchte der Radikale Fieschi, Louis Philippe zu ermorden, doch der Versuch blieb erfolglos. Später, 1836, setzte der König eine Regierung unter der Leitung seines persönlichen Freundes, Oberst Louis Mole, mit dem Führer des rechten Zentrums, Guizot, ein; dieser verbündete sich jedoch mit der linken Zentrumspartei und stürzte Mole. (*The Untold History*, John Reeves)

Um mit *The Untold History* fortzufahren:

> Die revolutionären Aktivitäten vor 1848 hatten Männer wie Karl Marx und Frederick Engels, Louis Napoleon Bonaparte ins Exil auf dem Kontinent geschickt. England war ihr Zufluchtsort gewesen. Im Jahr 1848 waren sie auf den Kontinent zurückgekehrt, um sich an den Revolutionen zu beteiligen. Am

24. Februar 1848 schienen die Charta, die Verfassung und das parlamentarische System ein abruptes Ende zu nehmen.

In ganz Paris sah ich keinen einzigen Angehörigen der Miliz, keinen einzigen Soldaten, keinen einzigen Gendarmen, keinen einzigen Angehörigen der Polizei. Währenddessen bemächtigte sich der blanke Terror aller höheren Klassen. Ich glaube nicht, dass er zu irgendeinem Zeitpunkt der Revolution (1789-94) so groß gewesen ist. (Victor Hugo, *Gesehene Dinge*, Seite 268)

James blieb ein paar Tage und wurde von Feydeau, einem Mitglied der Nationalgarde, gesichtet:

> Gegen Mittag sah ich zwei Herren, die Arm in Arm die Rue de la Paix verließen und sich in Richtung Tuilerien bewegten. In einem von ihnen erkannte ich einen Baron de Rothschild. Ich ging schnell auf ihn zu. "Herr Baron", sagte ich zu ihm, "Es scheint, dass Sie sich keinen besonders guten Tag für Ihren Spaziergang ausgesucht haben. Ich denke, Sie sollten lieber nach Hause gehen, anstatt sich den Kugeln auszusetzen, die aus allen Richtungen pfeifen."

Doch der Baron versichert ihm, dass er in Sicherheit sei und im Finanzministerium gebraucht werde. Louis Napoleon wird erst Präsident von Frankreich und dann Kaiser; Marx und Engels beteiligen sich an der Gründung des Kommunistischen Bundes und kehren nach dem Scheitern der Revolutionen nach England zurück, während andere, darunter Joseph Wedermeyer, in die USA auswandern... (Olivia Maria O'Grady)

Nach der Schlacht von Sedan und der Gefangennahme Napoleons III. durch die Preußen (September 1870) erlebte Paris, das sich für das Herz, das Gehirn und die anderen Organe der französischen Nation hielt und den Rest Frankreichs für ein rückständiges, primitives, man könnte fast sagen barbarisches Anhängsel, eine Reihe von Revolutionen (im Namen Frankreichs), die in der Pariser Kommune von 1871 gipfelten und nur dazu dienten, die Nation protestierend vor dem Feind zurückzulassen und sie dessen Verachtung auszusetzen. Zitat von Professor Langer:

> Zwischen 1840 und 1847 wird Guizot zur dominierenden Figur. Guizot wird 1847 Premierminister und bleibt bis 1848 an der

Macht, als er zurücktritt. Die Unruhen auf den Straßen führen zur Februarrevolution.

Fortsetzung der Darstellung der Ereignisse von 1848 anhand von Papieren und Dokumenten des British Museum und der *L'Alliance France-Allemande* sowie *Les Forces titaniques, The Rothschilds* von John Reeves und den Erzählungen von Olivia Maria O'Grady:

> In Paris wurde die rote Fahne auf den Barrikaden entrollt. Marxistische Revolutionäre verwickelten die Arbeiter und Studenten am 22. Februar 1848 in einen blutigen Aufstand und Guizot trat zurück. Die Truppen griffen die Revolutionäre auf den Barrikaden an und brachten die Bevölkerung in Aufruhr. Am 24. fallen die Nationalgarde und die Linienregimenter in die Hände der Rebellen. Der vierundsiebzigjährige Louis Philippe flieht aus dem Land.
>
> Marx und Engels sind bereit, persönlich die Verantwortung für die Revolution zu übernehmen... Marx wird die volle revolutionäre Macht übertragen..... Lamartine und Arago bitten den jüdischen Bankier Michael Goudchaux, das revolutionäre Finanzressort zu übernehmen. Der Bankier stimmt zu. Caussidière, der Präfekt der Barrikaden, bittet James Rothschild um ein Darlehen, um seine revolutionären Helfer zu bezahlen. James kommt dem freudig nach (Seiten 218-219).

Nachdem O'Grady beschrieben hat, wie Marx und Engels sich der verschiedenen revolutionären Fraktionen und der Organisation des Aufstands in Deutschland annahmen, schreibt er:

> Anfang April verließen Marx und Engels Paris in Richtung Deutschland, wo ihnen die Flammen der Revolution vorausgegangen waren. Die Heilige Allianz war im Rauch und in den Flammen Wiens zusammengebrochen und Fürst Metternich war mit Geld, das er sich von Solomon Rothschild geliehen hatte, aus der Stadt geflohen. (Seite 219)
>
> James Rothschild gibt Ledru-Rollin siebenhundertfünfzigtausend Francs, um die Revolution von 1848 zu unterstützen. Es heißt, er sei durch Rollins Drohung, das Rothschild-Palais in der Rue Lafitte niederzubrennen, dazu gezwungen worden. Aus den dreitägigen Straßenkämpfen, die

im Juni 1848 stattfanden, ging Louis Eugène Cavalgnac als Sieger hervor. Er übernahm sofort diktatorische Befugnisse und wurde von der Nationalversammlung zum Vorsitzenden des Ministerrats ernannt. Durch die freie Verwendung großer Geldsummen nähert sich Rothschild der neuen Macht in Frankreich an und fühlt sich bei Cavalgnac genauso wohl wie zuvor bei Louis Philippe. Bald hieß es, er sei ein ebenso guter Republikaner, wie er zuvor Monarchist gewesen war.

Die Französische Arbeiterpartei beanspruchte ihn als einen der ihren. Der Chefredakteur des radikalen *Tocsin des Travailleurs* schreibt:

> Sie sind ein Wunderkind, mein Herr! Trotz seiner gesetzlichen Mehrheit ist Louis-Philippe gestürzt, Guizot ist verschwunden, die konstitutionelle Monarchie und die parlamentarischen Methoden sind über Bord geworfen worden; aber Sie, Sie bewegen sich nicht. Wo sind Aragon und Lamartine? Sie sind erledigt, aber Sie haben überlebt. Die Prinzenbanker sind in Liquidation und ihre Büros sind geschlossen.
>
> Die großen Industriekapitäne und Eisenbahngesellschaften wanken ... Sie sind der einzige unter diesen Ruinen, der davon nicht betroffen ist.
>
> Obwohl Ihr Haus den ersten Schock der Gewalt in Paris verspürt hat, obwohl die Auswirkungen der Revolution Sie von Neapel über Wien bis nach Berlin verfolgen, bleiben Sie unbeeindruckt von einer Bewegung, die ganz Europa erfasst hat. Der Reichtum schwindet, der Ruhm wird gedemütigt, die Herrschaft wird gebrochen, aber der Jude, der Monarch unserer Zeit, hat seinen Thron behalten.

Die Pariser Kommune war die erste kommunistische Regierung in Europa. Über die Rothschilds schreibt O'Grady:

> Ihre sagenhafte Kontrolle über unbegrenzte Mengen an Geld ließ für die Rothschilds alle Schranken fallen. Die Blendung durch den großen Reichtum erhöhte ihr soziales Prestige überall. Mächtige, große Könige, Prinzen und Berühmtheiten suchten ihre Gunst.
>
> Sie bauten Paläste und empfingen "gute Leute" mit einer königlichen Pracht, die die Staatsgeschäfte der Monarchen beschämte. Die Welt lag ihnen zu Füßen und die Sache der

Juden in Europa war in vollem Gange. Wir werden später sehen, wie märchenhaft ihr Vermögen war.

KAPITEL 11

Frankreich überlebt die Angriffe der Kommunisten

Nach diesem kapitalen Ereignis recherchierte ich in Artikeln über Frankreich in den folgenden Jahren, um zu sehen, ob sich der rote Faden fortsetzte, und ich stellte fest, dass dies der Fall war. Nach dem Erfolg der Pariser Kommune versuchten es die Kommunisten 1871 erneut, nachdem sie mit Bismarck den provisorischen Frieden von Versailles geschlossen hatten. Im September 1870 war der Zusammenbruch von Napoleon III. in Sedan ein schwerer Schlag, den das französische Kaiserreich nicht überlebte.

Am 4. September versuchten die Aufständischen erneut, Paris einzunehmen, wie sie es zuvor getan hatten, als James Rothschild die Revolution teilweise finanziert hatte, doch am 19. September stürmten die deutschen Armeen, die die Franzosen in Sedan besiegt hatten, auf Paris zu und nahmen die Stadt ein.

Die Kommunisten sind nicht in der Lage, ihre Offensive aufrechtzuerhalten, und in Paris gibt es nur noch Lebensmittel für acht Tage. Am 28. Januar 1871 kapituliert Paris vor der deutschen Armee. Die französischen Truppen werden entwaffnet und die Forts zurückerobert. Bismarck lässt Wahlen zu und verlangt, dass Deutschland eine Entschädigung in Höhe von fünf Milliarden Francs gezahlt wird. Von März bis Mai 1871 eroberte die marxistisch-kommunistische Nationalgarde, die Bismarck nicht entwaffnet hatte, 417 Kanonen und ermordete die Generäle Lecomte und Thomas.

Die Internationale spielte durch Loeb, Cohen, Lazare, Levi und natürlich Karl Marx eine führende Rolle in der Nationalgarde.³ Die regulären Truppen waren gezwungen, sich zurückzuziehen und Paris in den Händen der marxistisch-sozialistischen Internationale zu lassen. Unterstützt von der deutschen Armee greifen die französischen Truppen die Barrikaden in Paris an und brechen die Umklammerung der Kommunisten. Doch unterdessen, bevor der Angriff der regulären französischen und deutschen Truppen die Macht der von der rebellischen Nationalgarde angeführten Menge brechen konnte, übten die Kommunisten einen furchtbaren Vergeltungsschlag aus. Siebenundsechzig unschuldige Geiseln wurden im Fort de Vincennes abgeschlachtet.

Der Erzbischof von Darboy wurde wie ein Hund erschossen, ebenso wie eine Reihe seiner Priester. Auch prominente Bürger wurden summarisch erschossen. Dies geschah zur selben Zeit, als die Truppen der Dritten Republik in die Stadt einmarschierten.

Am 20. Mai 1871 übergossen die Kommunisten alle Viertel von Paris, die sie belagerten, mit Benzin und setzten alle öffentlichen Gebäude und die meisten privaten Besitztümer, einschließlich Häuser, in Brand. Die Tuilerien, das Finanzministerium, der Königspalast, das Justizministerium, das Rathaus und das Polizeihauptquartier wurden in Brand gesteckt und in Asche gelegt.

> Wie durch ein Wunder blieben das prunkvolle Haus Rothschild und seine unschätzbaren Besitztümer unversehrt. Wie immer ging das Haus Rothschild aus den Unwägbarkeiten des Krieges von 1870-1871 und der Pariser Kommune finanziell unbeschadet hervor und war immer noch unangefochtener Herrscher über Europa. Wieder einmal zeigen die Rothschilds, dass sie in der Lage sind, ihre Treue zur Monarchie aufzugeben und sie mit der gleichen Hingabe der Dritten Republik zu

---

³ Alle natürlich jüdisch, NDÉ.

gewähren.

Alfonse Rothschild zog sich natürlich nach Versailles zurück und nahm sich ein Zimmer im Hotel des Réservoirs, wo er während der Kämpfe, Plünderungen und des Terrors der Revolution lebte.

Die zitierten Teile stammen aus der Arbeit von Olivia Maria O'Grady, aus der Arbeit von Professor Langer und aus *The Untold Mystery von* John Reeves.

Bemerkenswert ist, dass, während die radikalsten der Aufständischen blieben, um ihre unglücklichen Opfer zu ermorden, ihre Anführer die Stadt verließen und sich nach England, in die Schweiz und nach Lateinamerika absetzten. Nachdem die Pariser Kommune ihren Lauf genommen hatte, brach sie in einem Rausch des Blutdurstes zusammen. Es scheint wenig Zweifel daran zu geben, dass die enorme Geldsumme, die nötig war, um die Kommune am Laufen zu halten (sie dauerte nur zwei Monate), von den Rothschilds stammen musste.

> Die Führung der Kommune gab 42 Millionen Franken aus, eine für die damalige Zeit enorme Summe. Selbst bei der produktivsten Verschwendung ist es schwer vorstellbar, wie sie bis zu einem Drittel dieser Summe hätte ausgeben können. Das bedeutet, dass etwa 25 Millionen Francs in irgendeine Richtung verschwanden, wahrscheinlich in die Schweiz, und vielleicht im Gepäck des Direktors der Banque de France oder vielmehr seines stellvertretenden Gouverneurs, des Marquis de Poleis, der Beslay in die Schweiz begleitete, als dieser ein freies Geleit erhielt, um das Land nach der Unterdrückung der Kommune zu verlassen. (*The Untold History*, John Reeves) Die allgemeine Meinung zu dieser Zeit war, dass Beslay, der von der Pariser Kommune (mit anderen Worten: indirekt von den Rothschilds) in die Banque de France berufen worden war, das Geld für sie gerettet hatte und dass die Rothschilds die Freifahrten organisiert hatten.

Wie dem auch sei, die Pariser Kommune brachte Schmach und Schande über das französische Volk und stürzte die sozialistische Bewegung in einen Zustand des Niedergangs. Interessanterweise war der vorläufige Friedensvertrag von Versailles teilweise von Alfonso Rothschild, dem Sohn von James Rothschild, ausgehandelt worden. Alfonso schloss die Finanzverhandlungen mit Bismarck ab und stimmte der Zahlung der geforderten fünf Milliarden Francs für Reparationen zu.

Edouard Rothschild war der Sohn von Alfonso Rothschild, dem ältesten Sohn von James Rothschild, der am 26. Mai 1905 starb, aber der Einfluss der Nachfolgelinie auf die französischen Geschäfte ging weiter. Später werden wir sehen, welche Rolle Édouard Rothschild und Lord Rothschild bei der "Balfour-Erklärung" spielten, die zur Gründung eines zionistischen Staates in Palästina führte, bei der übrigens Disraeli für seine Herren, die Rothschilds, eine führende Rolle spielte. Es gibt immer Leute hinter den Kulissen, wie jeder nachdenkliche Student der Weltgeschichte weiß.

Welche Rolle spielte Disraeli bei der Schaffung eines "Heimatlandes" für Juden? In seinem Werk *Tancred* spricht Disraeli über

> "jene Tage der politischen Gerechtigkeit, als Jerusalem den Juden gehörte".

Aus Jerusalem schrieb er:

> "Ich sah eine scheinbar wunderschöne Stadt vor mir"

und im Verlauf seiner Romane *Alroy*, *Contari* und *Fleming* schrieb er über seine Liebe zu Jerusalem und betonte, dass es sich um jüdischen Besitz handelte. In Hughendon, seinem Landsitz, berichtete Disraeli Stanley von seinen

> "Pläne für die Rückgabe Palästinas an die Juden und für die Neukolonialisierung durch die Juden".

Welche Rolle spielte Karl Marx beim Aufstand der Kommunisten in Paris im Jahr 1871? Laut Dokumenten des British Museum, die von zwei weiteren Quellen bestätigt wurden:

> Marx jubelte, und obwohl sich sein Ruf als das Monster, das die mörderischen Halsabschneider von Paris losgelassen hatte, überall herumgesprochen hatte, stolzierte er wie ein Pfau vor den Mitgliedern der Internationale in London herum. Er erging sich

in einer Lobeshymne auf die "unsterblichen Helden der Barrikaden".

Als die Pariser Kommune die Verwaltung der Revolution in die Hand nahm, als die einfachen Arbeiter es zum ersten Mal wagten, in die Privilegienregierung ihrer kulturellen Oberen einzugreifen, krümmte sich die alte Welt beim Anblick der roten Fahne, dem Symbol der Arbeiterrepublik, die über dem Pariser Rathaus wehte, in Zornkrämpfen.

Eines der Dinge, die wir von der Pariser Kommune gelernt haben, ist, dass sie die Mehrheit des französischen Volkes entzauberte, aber die Führer, die sich mit Hilfe der Freimaurer und Illuminaten nach England und in die Schweiz absetzten, betrachteten sie als einen Meilenstein für den Aufstieg des internationalen Sozialismus in Deutschland, Spanien, Russland und Italien. Karl Marx in London wurde zum Koordinationszentrum des internationalen Marxismus, aber direkt neben ihm saßen Engels und die Rothschilds.

In *The Untold History* wird uns gesagt, dass die Rothschilds die Agenten der Frankfurter Freimaurer waren, deren Meister der Landgraf von Hessen war und deren Finanzen die Rothschilds kontrollierten. An dieser Stelle wäre es gut, ein paar Bemerkungen zu Bismarck zu machen, da er eine große Rolle dabei spielte, das Schicksal nicht nur Deutschlands, sondern ganz Europas zu bestimmen.

Laut dem Autor John Reeves in seinem Buch *The* Rothschilds wurde Bismarck als einfacher Diener der Rothschilds angesehen und war Halbjude.

Dokumente aus dem British Museum legen nahe, dass Bismarcks leiblicher Vater Marschall Soult war, der eigentliche Verantwortliche für Napoleons "Waterloo" Ier:

> "Beweist das nicht, dass Marschall Soult sein wahrer Vater war und nicht der ruhige preußische Kleinbesitzer, Bismarcks offizieller Vater?"
>
> Nachdem die Rothschilds Napoleon vernichtend geschlagen hatten, brauchten sie einen neuen Herrscher und schufen einen solchen in Otto Bismarck. Sein Vater, William, heiratete Louise

Menken [die Menkens waren Juden] - eine Bürgerliche unbekannter Herkunft. Er nahm sie mit in sein Landhaus, das bald von Napoleons französischen Truppen eingenommen wurde, und in einem nahe gelegenen Schloss richtete Marschall Soult sein Hauptquartier ein.

Louis war in unmittelbarer Gefahr gewesen, verletzt zu werden, Soults Champagner, seine asiatischen Überredungskünste verführten Louis' Herz mehr als das Bier und der schwere Geist ihres deutschen Ehemannes. Seitdem hat Soult Frau Bismarck - Menken und ihrem Sohn, dem zukünftigen "Mann aus Blut und Eisen", extreme Aufmerksamkeit geschenkt. Soult bekleidete die höchsten Ämter in Frankreich und verriet bis zu seinem Tod alle christlichen Herrscher. Die sechs Jahre, die Bismarck im Palma-Institut in Berlin verbrachte, hinterließen bei ihm nur bedauerliche Erinnerungen. (Cherep-Spiridovich, Seite 108 - *Die verborgene Hand, die J. Hoche zugeschrieben wird*)

Tatsächlich war Louise Bismarck-Menken nicht von unbekannter Herkunft. Ich habe ihre Vorgeschichte bis zu Haim Solomon zurückverfolgt, der angeblich sein gesamtes Vermögen an General George Washington gespendet hatte, um die amerikanische Revolution auszulösen. Auch die *Jewish Tribune in* New York vom 9. Januar 1925 bestätigte, dass Louise Menken eine Nachfahrin von Haim Solomon war.

Einige Forscher und Historiker bestreiten vehement, dass das Geld, das Salomon Washington gab, sein eigenes war, sondern von den Rothschilds stammte, wobei Salomon lediglich ihr Mittelsmann war.

Sie betonen die Tatsache, dass Haim trotz der Tatsache, dass er sein gesamtes Geld an Washington gespendet hatte, weiterhin ein Leben im Luxus führte. Die Geschichte, wie Bismarck von den Rothschilds kooptiert wurde, lässt sich anhand der Briefe von Lord Beaconsfield vom Dezember 1812 und von *Coningsby* rekonstruieren:

Lionel Rothschild nimmt Disraeli oft mit nach Paris, wo er James Rothschild III. vorgestellt wird. Sie wurden von Graf Arnim, dem preußischen Minister, besucht. Durch Lionels Vermittlung wurde Disraeli zu seinem Freund. Soult war ein

Minister im französischen Kabinett und sprach viel, vielleicht über seinen Sohn oder den Sohn seiner Geliebten, den ehemaligen Menken-Bismarck. So beschlossen die Rothschilds , sich den bedürftigen jungen Bismarck zu schnappen, der zumindest Halbjude war und der bereits 1839 gezwungen war, gegen die Katastrophe anzukämpfen, die seinen Besitz bedrohte. Aber die Rothschilds, Soults und Amims beobachteten ihn bereits und alle versuchten, ihn zu benutzen. Schon 1839 in Aachen hatte Bismarck sich rebellisch gezeigt, wie es Disraeli in seinem Gedicht "Segen für den Dolch des Königsmörders" getan hatte. '

Doch James verlangte von Bismarck und Disraeli einen "Erzkonservatismus", den man sich damals verdienen musste, um in die Oberschicht zu schlüpfen und Macht zu erlangen. Infolgedessen ließen Disraeli und Bismarck die Lobeshymnen auf die "Dolche des Königsmörders" fallen und wurden ultrakonservativ. Beide wurden angewiesen, "sehr mondän" zu werden. Der preußische Minister und Reichstagsabgeordnete Amim heiratete 1844 Bismarcks geliebte Schwester Malvina, und Disraeli zufolge geriet Bismarck vollständig unter den Einfluss der Rothschilds und Amims und seiner Schwester.

Indirekt erfahren wir von Walter Rathenaus Aussage, dass 300 Männer die Welt regieren (siehe *Die Hierarchie der Verschwörer: Das Komitee der 300*). 40 Jahre zuvor hatte Bismarck angedeutet, dass er Rathenaus Aussage zustimmte: Disraeli wiederholte dies, indem er erklärte, dass

> "die Welt von ganz anderen Charakteren regiert wird, als diejenigen sich vorstellen, die nicht hinter den Kulissen stehen".

Vierzig Jahre vor Rathenaus Erklärung drückte Bismarck seine Zustimmung zu Rathenau und Disraeli aus (Auszug aus den Dokumenten von *Coningsby* und Cherep-Spiridovich und dem British Museum).

Der als reaktionär geltende Bismarck versucht 1847, die Konservativen durch seine gespielte Gewalt gegen Liberale nach dem Vorbild Disraelis zu besänftigen und gewinnt so die Gunst des preußischen Königs. Mit viel Mühe und Jonglieren gelang es Bismarcks Kontrolleuren, ihn 1847 dazu zu bringen, Johanna Puttkamer zu heiraten.

DIE ROTHSCHILD-DYNASTIE

Puttkamer war eine bemerkenswerte Frau, deren Fähigkeiten, ihr schreckliches Temperament (das sie wahrscheinlich von Soult geerbt hatte) zu beruhigen - denn ihr offizieller Vater war ein ruhiger Mann, der nie zu Gewaltausbrüchen neigte -, ihre Karriere retteten, die sonst ein jähes Ende gefunden hätte. Als Friedrich Wilhelm IV. 1849 die Liste der neuen Kabinettsmitglieder vorgelegt wurde, zog er einen dicken Strich über Bismarcks Namen und schrieb:

> Rothaariger Reaktionär. Er liebt den Geruch von Blut.

1849 ließ sich Bismarck mit Hilfe von Arnim und Rothschild in die preußische Zweite Kammer wählen, und 1851 nahm er als Abgeordneter am Reichstag in Frankfurt am Main teil.

Graf Arnim stand ebenfalls hinter Bismarck und spielte seine Rolle, indem er ihn an Otto von Manteuffel, den preußischen Minister, empfahl. In Bezug auf von Manteuffel geht Professor Langer auf den historischen Kontext seiner Bedeutung ein:

> Am 16. Mai 1850 versammelten sich eine Reihe kleinerer Staaten und Österreich in Frankfurt und stellten den alten Reichstag des Deutschen Bundes wieder her. Wenn Preußen auf dieser Vereinigung bestand, schien ein Krieg mit Österreich unvermeidlich. Als aus einer Berufung ein Streit entstand ... wurden beide Mächte mobilisiert und ein Krieg schien unmittelbar bevorzustehen.
>
> Zar Nikolaus von Russland, der sich über den Pseudoliberalismus des preußischen Herrschers ärgerte, schlug sich auf die Seite Österreichs, und Friedrich Wilhelm, der sich von Anfang an als kriegsunwillig erwiesen hatte, entschied sich für einen überstürzten Rückzug. Er schickte seinen neuen Minister, Otto von Manteuffel, zu Verhandlungen... (Professor Langer, Seite 726-727)

> Als Bismarck alt war, verloren seine Augen nie ihre erstaunliche Kraft. Von Natur aus verachtete er alles Schwache, Sentimentale und zu seinen Objekten der Verachtung zählten auch mehrere christliche Tugenden. (Professor F.M. Bowicke, *Bismarck und das Deutsche Kaiserreich*, Seite 5)

In *La Revue des Deux Mondes*, veröffentlicht 1880 Bd. 26, Seite

203 von Valbert, lesen wir Folgendes:

> Die Juden waren die einzigen, die Bismarck so ausnutzen konnten, dass alle liberalen Reformen in Deutschland nach Sadowa (wo die Preußen 1866 von den Österreichern besiegt wurden), die von Bismarck eingeführt wurden, den Juden dienten...

Wie wir gezeigt haben, waren die Rothschilds besonders an der Politik aller Nationen interessiert, in denen sie sich niedergelassen hatten. Beim Wiener Kongress zum Beispiel strebten die Rothschilds nach einer Vormachtstellung. Wir lernen von Maria Olivia O'Grady:

> ... Die Juden schickten Vertreter zum Wiener Kongress, wo sie versuchten, die offiziellen Delegierten durch Bestechung und Geschenke zu beeinflussen. Der älteste Rothschild, wie wir uns erinnern, befürchtete, dass das jüdische Sonderprivileg, das er von Karl von Dalberg, dem Fürstenprimas des Rheinbundes, gekauft hatte, verloren gehen könnte, wenn es nicht in die neuen Verfassungen, die der Kongress ausarbeiten sollte, aufgenommen würde.
>
> Jacob Baruch (Vater von Ludwig Boerne) G. G. Uffenheim und J. J. Gumprecht, die Sondergesandten Rothschilds, wären von der Wiener Polizei aus der Stadt gejagt worden, wenn Metternich nicht eingegriffen hätte.
>
> Die jüdischen Vertreter hatten natürlich keine offizielle Position im Kongress. Der größte jüdische Einfluss auf die Kongressmitglieder ging von den Jüdinnen aus, die ihre Salons öffneten, um die wichtigsten Staatsmänner und Führungskräfte, die an den Sitzungen des Kongresses teilnahmen, prächtig zu unterhalten.
>
> Die prominentesten dieser Jüdinnen waren Baronin Fanny von Arenstein, Frau von Eskeles, Rachel Levin von Varahagen, Frau Leopold Herz und Herzogin Mendelssohn von Schlegel. Das Beste, was die Juden auf dem Wiener Kongress erreichen konnten, war eine Reihe von Antragsentwürfen, die Juden, die "alle Pflichten der Bürger übernehmen", ausnahmslos die vollen Bürgerrechte anboten. Diese Klausel wurde nicht allen besonderen Wünschen und Anforderungen der jüdischen "Nation" gerecht, die eigentlich alle Bürgerrechte ohne die

üblichen Pflichten haben wollte. (*Der Wiener Kongress*, Seiten 345, 346)

Die Autorin Anka Muhlstein gibt in *Baron James, The Rise of the French Rothschilds* eine andere Interpretation der Ereignisse des Wiener Kongresses und ihrer Auswirkungen auf Frankfurt:

> Kaum hatten sich die französischen Armeen zurückgezogen, machten sich die deutschen Behörden an das dringende Problem, die Juden in ihre Schranken zu weisen. In Frankfurt wurden die rechtmäßig erworbenen und teuer bezahlten Rechte nun abgeschafft. Wieder einmal werden die Juden als unerwünschte Ausländer behandelt.
>
> Im Bewusstsein, dass ihre Ehre, ihre Freiheit und manchmal auch ihr Leben bedroht sind, wenden sich die Juden an die Großmächte, die sich regelmäßig auf dem Wiener Kongress treffen . Doch so stichhaltig ihre Argumente auch sein mögen, sie bleiben erfolglos. Den Juden in Deutschland bleibt daher nichts anderes übrig, als wie in der Vergangenheit auf heimliche Mittel zurückzugreifen und auf diese Weise Schutz zu finden oder zu erkaufen.
>
> Salomon übernimmt die jüdische Kampagne und plötzlich wächst das Portemonnaie von Gentz, dem Berater Metternichs. Dies führte zu einer Aussetzung der österreichischen Vertreibungsedikte sowie zu Erklärungen von Metternich und Hardenberg, dem Gegenstück des österreichischen Kanzlers in Preußen *(Baron James, The Rise of the French Rothschilds*, Anka Muhlstein, Seite 68).

Laut Muhlstein werden die Juden in Frankfurt angegriffen und schwer verfolgt. Salomon Rothschild entschied sich, nach Wien zu ziehen, aber Amschel blieb in Frankfurt. Nachdem er die Regierung daran erinnert hatte, wie sehr sie die Rothschild-Kredite brauchen würde, begann die Gewalt gegen Juden nachzulassen.

KAPITEL 12

Salomon Rothschild zeigt seine Finanzkraft

In Wien, da Salomon kein Haus kaufen durfte, mietete er für sich ein ganzes Luxushotel und verweigerte dem König von Württemberg später die Wohnung, die er seit vielen Jahren bewohnt hatte.

Salomon genießt diplomatische Immunität und bekommt den Titel "Baron" verliehen. Metternich ernennt daraufhin James und Nathan zu Konsuln, eine "undenkbare Ehre für einen Juden", wie Salomon feststellt:

> James erneuert seine Aufforderung nicht. Die offensichtliche Macht und der Schutz Metternichs besänftigen seine Bedenken. Dank des Kanzlers erlangten die Rothschilds nämlich diplomatische Immunität.
>
> Nachdem er ihnen einen nützlichen und schmeichelhaften Titel verliehen hatte, wollte er nun noch viel mehr tun. Nathan und James hatten die Idee, sich zu Konsuln ernennen zu lassen, um Österreich in London und Paris zu vertreten. Ein Jude als Mitglied des diplomatischen Korps! Das war undenkbar. Doch trotz der Ungeheuerlichkeit des Vorschlags stimmte Metternich zu.
>
> Nur böswillige Geister würden einen Zusammenhang mit den günstigen persönlichen Darlehen vermuten, die die Rothschilds dem Kanzler gewährt hatten. Alle Ämter am Hof führen zu neuen Geschäften, besonders wenn es um Österreich geht. Wenn James nach Paris berufen würde, könnte er sich, so Gott will, um alles kümmern, was mit der Liquidierung der Schulden Frankreichs gegenüber Österreich zu tun hat, da der Konsul

> befugt wäre, mit dem König persönlich zu verhandeln. (*Erinnerungen* Auguste de Fremilly, Seite 232, 1908)
>
> Bei dem Versuch, ein Modell mächtiger Juden zu etablieren, die versuchten, ihren Einfluss in internationalen Konventionen geltend zu machen, sah sich die Aachener Konferenz von 1818 auch mit nicht eingeladenen jüdischen Vertretern konfrontiert. Lewis Way, ein englischer Geistlicher, fungierte als jüdischer Sprecher und überreichte der Konferenz eine Petition, in der er sich für die Emanzipation der Juden in Europa einsetzte. Der jüdische Einfluss auf den Pariser Kongressen von 1856 und 1858 ist in den Arbeiten beider Treffen offensichtlich. Es scheint jedoch nicht, dass Juden bei einer der beiden Konferenzen offiziell vertreten sein durften. (Olivia Maria O'Grady)

Das gefiel den Rothschilds nicht, und so verlangten sie immer mehr von denen, die sie in ihrer Gewalt hatten. Nachdem sie bereits Barons- und Konsulentitel erhalten hatten, wollten sie nun auch sichtbarere Zeichen ihrer Macht zur Schau stellen.

Ihre "Liebe zu Auszeichnungen" war, gelinde gesagt, maßlos. Von Gentz wurde angewiesen, die Öffentlichkeit darüber zu informieren, dass ihnen Medaillen und Schleifen verliehen wurden, und dafür zu werben:

> "Salomon von Rothschild und sein Bruder in Paris erhielten den Orden des Heiligen Wladimir als Anerkennung für die für Russland ausgehandelten Kredite."

Von Gentz schrieb an eine Reihe großer deutscher Zeitungen. Es wäre genauso gut, wenn Sie die Nachrichten veröffentlichen würden. Machen Sie daraus eher einen Wladimir als einen Heiligen Wladimir. In einem Brief an Graf von Neipberg im Jahr 1830 kritisierte Metternich privat die Eitelkeit der Rothschilds:

> Die Rothschilds hätten gern einen kleinen Saint-Georges. Was für eine Eitelkeit! Trotz ihrer Millionen und ihrer großzügigen Loyalität haben die Rothschilds einen erstaunlichen Appetit auf Ehre und Auszeichnung. (Dokumente des British Museum)

Der christlich-religiöse Charakter der Orden machte die Tatsache, dass die Rothschilds sie erhalten konnten, umso außergewöhnlicher und unterstrich die Macht, die sie über

Metternich und Bismarck ausübten, zumal bekannt ist, dass Metternich anfing, sich den Anträgen der Rothschilds mit der Begründung zu widersetzen, dass sie als Nichtchristen kein Recht auf bestimmte Orden hätten, aber das stoppte die Flut von Anträgen auf besondere Ehrungen nicht. 1867 schrieb James' ältester Sohn Alphonse an seine Cousins in London:

> Das bemerkenswerteste Ergebnis von Bismarcks Besuch (in London) war die Verleihung von Orden. Mein Vater erhielt das Große Band des Roten Adlers, die höchste und vornehmste Auszeichnung. Kein Jude in Preußen hat es erhalten. (*Gold und Eisen*, Fritz Stern, Seite 1150)

In Fortführung von O'Gradys Arbeit, ihrem Thema der inoffiziellen, aber machtvollen Repräsentation auf Weltkongressen, auf denen Juden keinen Status hatten, spricht sie über die amerikanischen Bemühungen zu ihren Gunsten:

> Die amerikanischen Juden beeinflussten die USA, damit sie ihre Forderung nach "vollen und gleichen Rechten" auf der Friedenskonferenz in Bukarest 1913 vorbrachten, obwohl die USA auf der Konferenz nicht offiziell vertreten waren.

Im Oktober 1913 richtete die Anglo Jewish Association ein gemeinsames Memorial an Sir Edward Grey und drängte darauf, dass die neuen affirmativen Garantien für Juden versichert werden sollten. wies darauf hin, dass Rumänien wiederholt ähnliche Versicherungen ignoriert und abgelehnt hatte.

> Elihu Root, der Außenminister der Vereinigten Staaten, hatte auf Wunsch von Präsident Theodore Roosevelt Botschafter White, der die USA auf der Algerienkonferenz von 1906 vertrat, feste Anweisungen gegeben und ihn angewiesen, bei der Konferenz darauf zu drängen, dass die Garantien für religiöse und rassische Toleranz in Marokko berücksichtigt werden.
>
> Das Wirken des Weltjudentums auf der Friedenskonferenz wird nirgends besser angedeutet als in den Bestimmungen, die Polen durch den Versailler Vertrag auferlegt wurden. Ein rücksichtsloser Eroberer hätte nicht strenger sein können. Die polnischen Vertreter unterzeichneten am 28. Juni 1919 den Minderheitenvertrag und verpflichteten Polen damit zur Teilung der Souveränität und zur Schaffung einer privilegierten

Oberschicht von Bürgern. (Olivia Maria O'Grady, Seiten 344-347)

Die Geschichte hat immer wieder gezeigt, dass der durchschnittliche Mensch in den meisten Ländern nur wenig oder gar keine Zeit für andere Dinge hat, als seinen Lebensunterhalt zu verdienen, seine Familie großzuziehen und eine Arbeit zu haben, die es ihm ermöglicht, diese Ziele zu erreichen. Dadurch bleibt ihm wenig oder gar keine Zeit, sich für Politik, Wirtschaftsfragen oder andere lebenswichtige Fragen wie Krieg und Frieden, die sein Leben und seine Nation betreffen, zu interessieren.

Dennoch schien es, als seien bestimmte Gruppen von Menschen gegen diese Einschränkungen immun. Sie schienen immer zu wissen, wo und von wem wichtige Fragen entschieden werden würden, und sie schienen über ein weltweites Netzwerk zu verfügen, das sie über alle politischen und wirtschaftlichen Entwicklungen auf dem Laufenden hielt. Da sie sehr gut organisiert und lautstark waren, waren diese Gruppen den normalen Bürgern gegenüber immer im Vorteil.

Laut dem Buch *The Hidden Hand* von Cherep-Spiridovich und der gründlichen Arbeit der Autorin Olivia Maria O'Grady waren diese sehr effektiven Gruppen immer jüdisch oder wurden von Juden beherrscht und kontrolliert.

Beide Autoren führen zahlreiche Beispiele zur Untermauerung ihrer These an, von denen zwei der überzeugendsten vielleicht die Pariser Friedenskonferenz von 1919 und die Gründung des Staates Israel sind. Weiter geht es mit der Erzählung von Olivia Maria O'Grady:

> Im Morgengrauen des Jahres 1919 wurde Paris buchstäblich von Juden aus der ganzen Welt überschwemmt - reiche Juden, arme Juden, orthodoxe Juden, sozialistische Juden, Finanziers und Revolutionäre -, die in die französische Hauptstadt strömten und sich an die Arbeit machten.
>
> Das Komitee der jüdischen Delegation bei der Friedenskonferenz ist am 25. März 1919 voll organisiert. Darüber hinaus sind die Delegierten der Zionistischen

Weltorganisation und des B'nai B'rith in der Zusammensetzung des Komitees enthalten, die vorgeben, für zehn Millionen Juden zu sprechen.

Woodrow Wilson, Georges Clemenceau und andere internationale Persönlichkeiten waren nichts weiter als Marionetten in den Händen dieser internationalen Juden. Obwohl die Idee eines globalen Superstaates schon lange ein jüdischer Traum war, wurde Wilsons Eitelkeit, dass es sich um seine eigene Schöpfung handelte, von allen Seiten von der jüdischen Delegation und der von ihr kontrollierten Weltpresse unterstützt. "Den Prinzipien der nationalen Selbstbestimmung und Homogenität wurde nicht erlaubt, bis zum Äußersten getrieben zu werden", schrieb ein jüdischer Historiker mit offensichtlicher Genugtuung.

Die Raffinesse des jüdischen Delegationskomitees ist im Endprodukt von Versailles deutlich erkennbar. Die Grundlagenarbeit für die Zerstörung der Souveränität in der gesamten Christenheit wurde von dem Gehirn hinter dem jüdischen Delegationskomitee gut vorbereitet. Die absolute Souveränität wurde eingeschränkt. Am Anfang des Zweiten Weltkriegs wurden "neue und erweiterte Staaten" gezwungen, "die Verpflichtung zu übernehmen, in einen Vertrag mit den wichtigsten alliierten und assoziierten Mächten die von diesen Mächten als notwendig erachteten Bestimmungen aufzunehmen, um die Einwohner zu schützen, die sich durch Rasse, Sprache oder Religion von der Mehrheit der Bevölkerung unterscheiden".

Zu den jüdischen Delegierten der Pariser Friedenskonferenz gehörte Jacob Schiff, der später zu einem der Wall-Street-Banker wurde, die die bolschewistische Revolution in Russland finanzierten. Die Krönung des jüdischen Triumphs war die Bestimmung, die die "Rechte nationaler Gruppen" unter die internationale Garantie und Gerichtsbarkeit des Völkerbundes stellte - keiner von ihnen kümmerte sich darum, "die Welt sicher für die Demokratie zu machen". (Wilsons Absichtserklärung, Olivia Maria O'Grady)

Wilson mag von der Absicht und dem Ziel des Völkerbunds getäuscht worden sein, aber eine Gruppe hellwacher amerikanischer Senatoren durchschaute die Absichten seiner

Befürworter. Sie sahen den Völkerbund genau als das, was er war: ein Versuch, die Souveränität der Vereinigten Staaten, die Verfassung der Vereinigten Staaten und die Bill of Rights zu zerstören, und lehnten ihn als solchen ab, als der Vertrag dem US-Senat zur Ratifizierung vorgelegt wurde.

Die Oppositionsführer im Senat waren die Senatoren Hiram Johnson und William E. Borah, deren Patriotismus grenzenlos war. Der Vertrag wurde am 11. November 1919 abgelehnt.

Der britische Premierminister Lloyd George erkannte ebenfalls die Gefahren der Beschränkungen, die den Nationen durch den Versailler Vertrag auferlegt wurden. Im Jahr 1919 brachte er seine Befürchtungen während einer Wochenendpause von den Konferenzsitzungen zu Papier:

> Wenn Nationen durch Kriege erschöpft sind, in denen sie all ihre Kräfte eingesetzt haben und die sie müde, blutleer und gebrochen zurücklassen, ist es nicht schwierig, einen Frieden zu schaffen, der so lange halten kann, bis die Generation, die die Schrecken des Krieges erlebt hat, verstorben ist... Es ist also relativ einfach, die Scherben eines Friedens wieder zusammenzusetzen, der dreißig Jahre lang halten kann. Schwierig ist es hingegen, einen Frieden zu schaffen, der nicht zu einem neuen Kampf führt, wenn diejenigen, die den Krieg praktisch erlebt haben, verstorben sind...
>
> Sie können Deutschland seiner Kolonien berauben, seine Rüstung auf eine bloße Polizeitruppe und seine Marine auf die einer fünftklassigen Macht reduzieren; dennoch wird es letztlich, wenn es sich im Frieden von 1919 ungerecht behandelt fühlt, Mittel und Wege finden, um von seinen Eroberern eine Vergeltung zu erlangen.
>
> Die Zumutung, der tiefe Eindruck, den vier Jahre unerklärlicher Massaker auf das menschliche Herz gemacht haben, wird mit den Herzen verschwinden, auf die es das schreckliche Schwert des Großen Krieges gezeichnet hat. Obwohl Lloyd George einen mutigen Versuch unternahm, Deutschland Gerechtigkeit widerfahren zu lassen, scheiterte er, nicht weil er es nicht versucht hätte, sondern wegen der unerbittlichen Kräfte des Internationalismus, die sich gegen ihn stellten und die durch das Verhalten, die Einstellungen und die lasterhaften und brutal

hässlichen Forderungen des Franzosen Georges Clemenceau gekennzeichnet waren.

Die fast prophetischen Worte, die er im März 1919 in Fontainebleau schrieb, zeigen, dass Lloyd George vorausschauend war. Lloyd George wurde von den revolutionären Kräften, die seit dem 18. Jahrhundert immer stärker geworden waren, besiegt. Gut organisiert und finanziert waren sie praktisch unaufhaltbar. In gewissem Sinne wurde Lloyd George durch die Anwesenheit seines Kontrolleurs behindert. Sir Philip, A.G.D. Sassoon, Bart, der durch Heirat und Blutsverwandtschaft mit den Rothschilds verbunden war. Als Mitglied des britischen Privy Council konnte Sassoon an den geheimen Beratungen der Vertrauten teilnehmen.

Die französische Politik in Versailles und ihre Folgen erklärend, bestätigte das TIME Magazine vom 17. Mai 1940 in einer seltenen Abweichung von der Rothschild-Zensur auch dies:

> Für das wichtige Innenministerium ernennt Premierminister Reynaud den energischen 54-jährigen Georges Mandel, der bis dahin Kolonialminister war. Es ist kein neuer Posten für den kleinen Clemenceauisten mit der feinen Nase, der als Kabinettschef des Tigers während des letzten Krieges die inneren Angelegenheiten des Landes regelte und die Moral der Zivilbevölkerung aufrechterhielt.

> Der als Jeroboam Rothschild geborene Mandel wurde oft als der Disraeli Frankreichs bezeichnet; als Superpolitiker in einem Land voller Politiker zeigte er kürzlich im Kolonial- (und Post-) Ministerium, dass er nichts von seiner Dynamik und seinem verwaltungstechnischen Gespür verloren hatte, die ihn für Clemenceau so unentbehrlich gemacht hatten...

Aus meinen Studien im Britischen Museum geht hervor, dass der Erfolg der Pariser Friedenskonferenz und des anschließenden Versailler Vertrags von der universellen Akzeptanz des Völkerbunds abhing, dem ersten organisierten Versuch, eine einzige Weltregierung einzusetzen, die die Souveränität aller Nationen usurpieren und den Zionisten Palästina schenken würde.

Diese Ansicht wird durch die Worte Wilsons bei seiner Ankunft

in Paris im Januar 1919 bestätigt:
> Der Völkerbund ist der zentrale Gegenstand unseres Treffens.

Wie bekannt, war Wilson von Mandel House, dem Diener der Rothschilds, sorgfältig trainiert und unterrichtet worden und wusste, dass er Befehle zu befolgen hatte. Als ich im British Museum in den Papieren von Lloyd George recherchierte, wurde mir klar, dass der britische Premierminister sehr wohl gegen Wilson gekämpft hatte, allerdings vergeblich. Trotz Lloyd Georges energischer Proteste bestand Wilson darauf, dass der erste Punkt auf der Tagesordnung der Vorschlag zur Gründung des Völkerbundes sein sollte.

Ich habe viele Monate lang im Britischen Museum über den Völkerbund recherchiert und herausgefunden, dass Wilson nach Paris reiste, vollgepackt mit Anweisungen zu seiner Agenda, die er indirekt von Lord Rothschild über Mandel House erhalten hatte.

Wilson war den Rothschilds über Mandel House bekannt geworden, als er als Professor an der Princeton University versucht hatte, dem, wie er es nannte, "Snobismus" ein Ende zu setzen, indem er die Studentenclubs verbannte. Er hatte zwar keinen Erfolg, aber dieser sehr frühe Hinweis auf seine sozialistischen Überzeugungen erregte die Aufmerksamkeit von House und verhalf ihm zum Posten des Gouverneurs des Bundesstaates New Jersey und schließlich zum Posten des Präsidenten der Vereinigten Staaten. Der Vorsitzende Will Hayes des Nationalkomitees der republikanischen Partei sagte über Wilson:

> Er will die Welt ungehindert neu aufbauen, gemäß allen sozialistischen Doktrinen, allen Vorstellungen von unbegrenztem Regierungseigentum, allen nebelhaften Launen, die ihm in den Sinn kommen mögen.

Meine Untersuchung von Wilsons Präsidentschaft zeigt, dass Hayes auf dem richtigen Weg war, aber keine Möglichkeit hatte, etwas über die Personen zu erfahren, die Wilsons Agenda lenkten. Die klaren Anweisungen, die er ständig über das

Mandell House aus London erhielt, hatten nichts Verschwommenes an sich. Einer dieser Sätze von Anweisungen aus London betraf Wilsons Vierzehn Punkte. Tatsächlich waren die Vierzehn Punkte, die er auf der Pariser Friedenskonferenz vortragen sollte, von den Rothschilds und Richter Brandeis verfasst worden, die sie Wilson mit der Anweisung übergaben, sie auf der Konferenz unter dem wachsamen Auge des Juden Bernard Baruch als seine eigenen zu verwenden.

Auch die zweite Reihe von Anweisungen, die des Völkerbunds, gilt als Wilsons Werk. Seine Rede zu Beginn des Ersten Weltkriegs, der zufolge Amerika "die herrschende Klasse und nicht das deutsche Volk" bekämpfte, war reine Kammerrhetorik. Um mit den Zitaten von Olivia Maria O'Grady fortzufahren:

> Präsident Wilson, umgeben von der jüdischen Finanzbruderschaft, hier und da von dem finsteren Colonel House angetrieben und von dem Zionisten Brandeis beraten, bildete sich ein, der große "Friedensstifter" der gesamten Geschichte zu sein. Er war ein Historiker, der bewiesen hat, dass er von Geschichte keine Ahnung hat.
>
> In den Händen der Juden, die es für ihre eigenen Zwecke nutzten, stürzte es dieses Land [die USA] in einen verheerenden Krieg und löste eine Reihe von Ereignissen aus, die Amerika zerstören sollten.
>
> Geschmeichelt und gelobt von denen, die ihn nach ihrem Willen beugten, bildete er sich ein, Gott zu spielen und die Welt und ihre Bewohner nach seinem Bild neu zu gestalten. Da er in seinem hohen Amt einen Eid geleistet hatte, um die Interessen des amerikanischen Volkes zu schützen und zu fördern, glaubte er plötzlich, ein Mandat zur Rettung der Welt zu besitzen.
>
> Er forderte einen "Frieden ohne Sieg" und erklärte, dass er die USA in einen "Krieg stürzen würde, um den Krieg zu beenden" und "die Welt für die Demokratie sicher zu machen". Seitdem hat die Geschichte immer wieder die Nichtigkeit seiner Doppelzüngigkeit unterstrichen.
>
> Der Frieden und der Sieg kamen am 11. November 1918 und Wilson eilte nach Paris, wo er beides verlor. (Olivia Maria O'Grady)

Das ist vielleicht etwas hart für Wilson, der schließlich von Beratern umgeben und geschützt war:

> Wir können diesen verbrecherischen und heimtückischen Friedensvertrag, der zum heutigen Krieg (Zweiter Weltkrieg) geführt hat, nun richtig einschätzen.
>
> Es war nicht Wilson, der die deutsche Regierung mit dem Versprechen seiner Vierzehn Punkte betrogen hat, und es war auch nicht Lloyd George, der die Araber belogen hat, um sie zum Kriegseintritt zu bewegen; - es waren Jeroboam Rothschild, Sir Philip Sassoon und Bernard Baruch. Wilson, Lloyd George und Clemenceau sind nur insofern schuldig, als sie im Gehorsam gegenüber einer Macht handelten, der sie sich nicht zu widersetzen wagten. Diese drei Juden, die die Finanzkraft der Rothschild-Familie repräsentierten, bestimmten die wesentlichen Bestimmungen des schändlichen Friedensvertrags.
>
> Sie schufen das Internationale Arbeitsamt; sie trafen Vorkehrungen für die Reparationskommission und die Brüsseler Finanzkonferenz; sie gaben den Juden Palästina; sie gründeten ohne unsere Mitgliedschaft den Völkerbund und den Weltgerichtshof.
>
> Es war unsere Weigerung, Mitglied zu werden, die die Verwirklichung ihrer großartigen Maschine, die für die Regierung der Welt entwickelt wurde, verhindert hat. (*Rothschild Money Trust*, Seite 67, 68)

Obwohl der Name von Oberst House in dieser Erzählung nicht erwähnt wird, war es dennoch House, der mehr als Baruch die Interessen der Rothschilds in den USA auf der Konferenz vertrat. Fortsetzung von *The Rothschild Money Trust*:

> Diese drei Juden sind für die Aufgabe der Vierzehn Punkte von Präsident Wilson und die eklatanten Verstöße gegen die Versprechen, auf deren Grundlage Deutschland die Waffen niedergelegt hat, verantwortlich. Wenn die Versprechen von Präsident Wilson eingehalten worden wären, hätten wir keinen Zweiten Weltkrieg gehabt. Vielleicht hätte es auch keinen gegeben, wenn wir dem Völkerbund beigetreten wären, denn dann wären wir die Untertanen des "Despotenkönigs", der uns mit eiserner Hand regieren würde....

Jeroboam Rothschild (Mandel) war Mitglied des Kabinetts Reynaud und trat mit ihm zurück und floh mit ihm, als Frankreich sich weigerte, mit dem Britischen Empire fusioniert zu werden, sondern stattdessen beschloss, sich zu ergeben. Das französische Volk scheint nun laut Presseberichten zu erkennen, dass es nun Opfer von Kriegstreibern geworden ist...

Das Projekt des Völkerbunds wurde nicht mit Präsident Wilson geboren. Er hat ihn nicht für sich beansprucht. Sein genauer Ursprung ist unbekannt, aber die Juden beanspruchen die Lorbeeren für sich. Es ist zweifellos ihr Baby, denn es weist alle Merkmale ihrer Geschicklichkeit auf... Die Londoner *Daily Mail* erklärte über das Projekt, es sei "der ausgeklügeltste Schwindel, den die Geschichte je begangen hat".

Unter dem Vorwand, einen Friedensvertrag mit Deutschland auszuarbeiten, wurde auf dieser Friedenskonferenz Palästina als Heimstätte für die Juden festgelegt und die britische Regierung mit einem Mandat für die Regierung des Landes ausgestattet. Seitdem befinden sich die Juden im Krieg mit den Arabern und die Situation ist so unerträglich geworden, dass die britische Regierung versucht hat, das Land zwischen Juden und Arabern aufzuteilen und ihre Verantwortung abzugeben, was weder den Juden noch den Arabern gefallen hat.

Das Volk von Amerika will weder eine Superregierung, noch will es vom Papst von Rom oder einem Despoten des Blutes von Zion regiert werden. Wir sind dem nur knapp entgangen, als die Republikaner mit Hilfe von zwölf hartnäckigen Demokraten das Projekt des Völkerbundes um einen sehr kleinen Vorsprung scheitern ließen; denn der Völkerbund sollte genau dieses Ding sein. (Olivia Maria O'Grady, Seiten 68, 69 und 85)

Eine passende Grabinschrift (und vielleicht eine unheimliche Warnung an die Welt) wurde von O'Grady verfasst:

> Ende 1938 war der Zusammenbruch des Völkerbunds fast vollständig. Von den zweiundsechzig Nationen, die ihm angehört hatten, waren nur noch neunundvierzig übrig geblieben. Ende 1940 hatte er aufgehört zu existieren.
>
> Sie folgte dem Weg ihrer Vorgänger - der Heiligen Allianz (die von den Rothschilds so gefürchtet wurde), dem Europakonzert und dem Ständigen Schiedsgerichtshof.

Er scheiterte, weil die USA ihre Teilnahme verweigerten und weil die Menschheit noch nicht auf ihren gemeinsamen Nenner, die Mittelmäßigkeit, reduziert worden war.

Die Vorstellungen von "Mutter", "Haus", "Flagge", "Himmel" und "Gott und Vaterland" waren noch tief in den Köpfen und Herzen der Menschen verankert. Ein weiterer Krieg, vielleicht sogar ein weiterer, wäre nötig, bevor diese "reaktionären bürgerlichen" Konzepte aus den Gehirnen der Menschen gestrichen werden könnten.

Mayer Amchel Rothschild

Das Haus der Familie Rothschild in der Judenstraße in Frankfurt, Deutschland.

Gutte Schnapper Rothschild

DIE ROTHSCHILD-DYNASTIE

Jacob James Rothschild

Lionel Rothschild

Die berühmtesten Söhne der Rothschilds, die ein Vermögen von mehreren Milliarden Dollar kontrollierten. Salomon, Nathan und Karl Rothschild

Waddesdon Manor (Mansion), ein Landsitz der Rothschilds in England

Château de Ferrières von Jacob James Rothschild

DIE ROTHSCHILD-DYNASTIE

Napoleon Bonaparte und Arthur Wellesley (der Herzog von Wellington)

Marschall Soult und General Blücher

KAPITEL 13

Der Völkerbund: Ein Versuch, eine einheitliche Weltregierung zu etablieren

Einer der erstaunlichsten Aspekte des Völkerbunds war der große Druck, der ausgeübt wurde, damit die Vereinigten Staaten ihn akzeptierten, und die außergewöhnlichen Anstrengungen, die zu diesem Zweck unternommen wurden. Wilson verlangte die Ratifizierung des Vertrags, so wie er war, ohne Diskussion, ohne Veränderung und ohne Abänderung.

Da das amerikanische Volk von den Rothschild-Agenten in Amerika als ausreichend bereit eingeschätzt wurde, alles zu akzeptieren, wurde erwartet, dass es die geheimen Vereinbarungen, die 1915 hinter verschlossenen Türen getroffen worden waren, akzeptieren würde. Das war das, was die Rothschilds gewohnt waren, dass es passieren würde. Es war immer ein Fall von "Unser Wille geschehe" oder man musste mit viel Ärger rechnen.

Am 22. September 1919 fordert Prof. I. Shotwell, ein amerikanischer Fabianist, fordert, dass der Senat den Vertrag unverzüglich ratifiziert, und Charles McParland, der Generalsekretär des Ökumenischen Rates der Kirchen, unterstützt sein Plädoyer!

Ich erwähne dies, um zu veranschaulichen, wie fest der internationale Sozialismus in den USA verankert war.

Der Zionismus war auch zu dieser Zeit das entscheidende Element. Was die zionistische Bewegung in Amerika betrifft, gibt es einen interessanten Bericht in *History of Zionism* von Walter Laqueur:

Erst 1917 wurde die zionistische Organisation in Amerika gegründet... Aber trotz der Ereignisse in Osteuropa... war der Einfluss der Bewegung im amerikanischen Leben kaum spürbar. Europa war schließlich weit weg und die Situation der amerikanischen Juden und ihre Aussichten gaben keinen Anlass zur Sorge. Die Bewegung trägt im Wesentlichen den Charakter der East Side. Es fehlt ihr an Geld, Prestige und politischem Einfluss. Ihre Anführer hingegen sind assimilierte Juden wie Rabbi Stephen Wise... Der Durchbruch kam während der ersten Kriegsjahre in Europa, als Brandeis ihr Anführer wurde. Brandeis war einer der angesehensten amerikanischen Anwälte, der später Richter am Obersten Gerichtshof werden sollte. Überzeugt wurde er von Jacob de Haas, einem britischen Zionisten und engen Vertrauten Herzls, der sich 1901 in Amerika niedergelassen hatte.

Brandeis hatte, wie andere zionistische Führer es ausdrückten, keine Verbindung zu irgendeiner Form jüdischen Lebens, kannte seine Literatur nicht und war mit seinen Traditionen nicht vertraut; er musste das jüdische Volk wiederentdecken. Doch nachdem seine Vorstellungskraft vom zionistischen Ideal gefesselt war, widmete er einen Großteil seiner Zeit und Energie der Bewegung, deren Präsident er von 1914 bis zu seiner Ernennung zum Obersten Gerichtshof war. Es war Louis Brandeis' Identifikation mit der Bewegung, mehr als jedes andere Ereignis, die den Zionismus zu einer politischen Kraft machte. Zionist zu sein war plötzlich respektabel geworden. (Seiten 160,161)

In diesem Auszug aus Laqueurs Buch sind einige sehr wichtige Aussagen enthalten.

1. Der Zionismus war nicht das Anliegen der großen Mehrheit der amerikanischen Juden.

2. Die große Mehrheit der amerikanischen Juden war vom Krieg in Europa nicht sonderlich betroffen.

3. Brandeis war kein religiöser Jude im allgemein akzeptierten Sinne.

4. Die zionistische Bewegung war, bevor Brandeis sich ihr anschloss, im Wesentlichen eine sozialistische Bewegung nichtreligiöser bolschewistischer Ostjuden, eben jener, die

Trotzki für seine Mission, das christliche Russland zu stürzen, rekrutiert hatte, mit anderen Worten: zionistische Juden.

5. Die Mehrheit der amerikanischen Juden war nicht an einer Migration nach Israel interessiert, bis Brandeis ihre Aufmerksamkeit erregte. Offenbar betrachteten sie Palästina nicht als "Heimat", zumindest nicht im politischen Sinne eines zionistischen Staates, denn ihre Religion lehrte, dass es vor der Rückkehr des Messias keinen jüdischen Staat geben könne.

In aller Fairness und ohne den Juden schaden zu wollen und um streng objektiv zu sein, habe ich Tausende Seiten von Brandeis' Geschichte durchforstet, aber ich konnte keinen Beweis dafür finden, dass er seine jüdische Religion wiederentdeckt hat. Ich konnte keinen Beweis dafür finden, dass Brandeis ein religiöser Jude geworden war. Was ich herausfand, war, dass de Haas Brandeis zum aktiven Zionismus bekehrt hatte, der eine politische und keine religiöse Bewegung ist, eine politische Bewegung, in der Brandeis mehr als der Heilige Paulus zum Christentum konvertierte.

Brandeis wurde später der vorläufige Präsident der Weltföderation der Zionisten, an sich eine rein politische, nichtreligiöse Organisation, die aus nichtreligiösen Juden besteht.

Das bekannteste historische Ereignis, an dem die Rothschilds in allen Phasen beteiligt waren, ist zweifellos die "Balfour-Erklärung", die allgemein als Beginn des Staates Israel im Land Palästina angesehen wird, den die Zionisten seit hundert Jahren zu verwirklichen versuchten. Doch bis 1914 hatten sie keine Fortschritte in Richtung ihres Ziels gemacht, zumindest keine erwähnenswerten. Der Zionismus war seinem oft erklärten Ziel eines jüdischen Staates in Palästina nicht näher gekommen, als Herzl es 1897 war. Laut Kongressarchiven und Dokumenten des British Museum sowie den Kriegserinnerungen von Robert Lansing, dem amerikanischen Botschafter in London, und den Schriften von Ramsey McDonald bot der Erste Weltkrieg eine goldene Gelegenheit, Herzls Traum von der Errichtung eines zionistischen Staates in Palästina voranzutreiben. Lansing drängte Amerika 1915 in den Ersten Weltkrieg, und House, der im Auftrag der Rothschilds handelte, schloss sich ihm an, um Druck auf Wilson auszuüben. Der Druck auf Wilson ist enorm und die USA treten gegen den Willen von 87% des amerikanischen Volkes in den Krieg in Europa ein.

Die Historiker des Establishments haben stets den Eindruck erweckt, dass eine große Mehrheit der Juden die Schaffung einer "Heimat für Juden" in Palästina befürwortete. Bei meinen umfangreichen Recherchen fand ich heraus, dass es sich dabei größtenteils um Propaganda handelte.

Tatsächlich gab es in Russland und Großbritannien eine nicht unerhebliche Opposition gegen die Idee seitens religiöser Juden, die glaubten, dass ein solches Heimatland erst nach der Rückkehr ihres Messias errichtet werden könne.

Um die Haltung der religiösen Juden abzuschwächen, hielt Weizman am 20. Mai 1917 eine Rede in London, in der er behauptete, er wisse, dass die britische Regierung bereit sei, die zionistischen Pläne für Palästina zu unterstützen.

Natürlich war er offiziell nicht befugt, eine solche Erklärung abzugeben, aber da er wahrscheinlich wusste, dass die Macht und das Prestige von Lord Rothschild mehr als wahrscheinlich überwiegen würden, tat er es trotzdem. Die antizionistische religiöse jüdische Opposition unter der Führung von Claude Montefiore aus der berühmten jüdischen Dynastie Montefiore ist äußerst verärgert, zumal Weizman die religiösen Juden als "kleine Minderheit" bezeichnet hatte.

Laut *A History of Zionism* wurde ein von Montefiore und David Alexander, den Vorsitzenden des British Board of Deputies, unterzeichneter Brief an die Zeitung *London Times* gesandt, der am 24. Mai 1917 unter dem Titel *Palestine and Zionism, Views of Anglo-Jewry* veröffentlicht wurde:

> Sie wiederholen ihren Protest gegen die zionistische Theorie einer Nationalität ohne festen Wohnsitz, die, wenn sie allgemein akzeptiert würde, die Juden überall als Anachronismus auslöschen würde; die Religion sei das einzige sichere Kriterium. Die Unterzeichner erklärten auch, dass es ein Unglück wäre, wenn jüdische Siedler in Palästina Sonderrechte

in Form von politischen Privilegien oder wirtschaftlicher Bevorzugung erhalten sollten. Dies stand im Widerspruch zum Grundsatz der gleichen Rechte für alle. Es würde die Juden überall dort kompromittieren, wo sie gleiche Rechte erlangt haben, und die palästinensischen Juden in die erbittertsten Streitigkeiten mit ihren Nachbarn anderer Rassen verwickeln. (Seiten 193, 194)

Die Weisheit und Weitsicht der nicht-zionistischen religiösen Juden spiegelte sich in den tragischen Ereignissen in Palästina wider, das bis heute in Unruhe verharrt. Jahre später wurde ihre Sichtweise von einer religiös-jüdischen Organisation, den Freunden Jerusalems (Naturei Karta), aufgegriffen. In einer Serie von zwölf ganzseitigen Anzeigen in der *New York Times* beschrieben sie den Staat Israel als illegitimen Staat, der in völligem, flagrantem Ungehorsam gegenüber religiösen Juden und der Tora gegründet worden sei und ein Unglück für orthodoxe Juden darstelle.

KAPITEL 14

Die britische Regierung verrät die Araber und Lawrence von Arabien

Mit einer gehörigen Portion List, die den Verrat von Lawrence von Arabien und geheime Absprachen zwischen Engländern und Franzosen (das Sykes-Picot-Abkommen) einschloss, beschlossen die beiden Regierungen, das arabische Land nach Kriegsende untereinander aufzuteilen. Erscheint Ihnen das außergewöhnlich? Ja, das war es und konnte nur mit der Unterstützung der Rothschilds geschehen.

Eine dieser Täuschungen bestand in einem Brief des zionistischen Führers Sokolow, der einen anderen Zionisten, einen gewissen Sacher, dazu bestimmte, einen an Balfour gerichteten Entwurf vorzubereiten, in dem es hieß, dass die Wiederherstellung Palästinas als jüdischer Staat eines seiner wichtigsten Kriegsziele sei. Da er Zweifel hatte, hielt Sokolow dies für zu ehrgeizig:

> "Wenn wir zu viel verlangen, werden wir nichts bekommen" - eine Ansicht, die Lord Rothschild offensichtlich teilt. Sie waren jedoch entsetzt, als das Foreign Office seinen eigenen Entwurf veröffentlichte, in dem Begriffe wie "Asyl", "Zuflucht" und "Heiligtum" für die Opfer jüdischer Verfolgung verwendet wurden. Unnötig zu sagen, dass dieser Entwurf von den Zionisten abgelehnt wurde, die darauf bestanden, dass die Erklärung keinen Wert hätte, wenn nicht das Prinzip der Anerkennung Palästinas als nationale Heimstätte für das jüdische Volk bekräftigt würde. Schließlich legte Rothschild Balfour am 18. Juli eine Kompromissformel vor. Darin wird kein jüdischer Staat, sondern eine nationale Heimstätte erwähnt.
>
> (*A History of Zionism*, Seiten 195-196 Sokolow, *Geschite des*

Zionismus, British Museum Papers)

Leider wurden die Proteststimmen der religiösen jüdischen Führer vom politischen Zionismus übertönt, der mit Unterstützung der Rothschilds das Zünglein an der Waage zu ihren Gunsten spielte. Ramsey McDonald fasste seine Gefühle über dieses hinterhältige Verhalten zusammen:

> Wir haben den arabischen Aufstand in der Türkei mit dem Versprechen gefördert, aus den arabischen Provinzen des Osmanischen Reichs, einschließlich Palästina, ein arabisches Königreich zu errichten.
>
> Gleichzeitig ermutigten wir die Juden, uns zu helfen, indem wir ihnen versprachen, dass ihnen Palästina zur Besiedlung und Regierung zur Verfügung gestellt würde; und ebenfalls zur gleichen Zeit schlossen wir mit Frankreich das Sykes-Picot-Abkommen zur Aufteilung des Territoriums, das wir unserem Generalgouverneur in Ägypten anvertrauten, um es den Arabern zu versprechen. Die Geschichte ist die einer groben Doppelzüngigkeit und wir können uns der daraus resultierenden Missbilligung nicht entziehen.

Was genau meinte McDonald, als er sagte: Damals ermutigten wir die Juden, uns zu helfen, indem wir ihnen versprachen, dass Palästina ihnen gehören würde. Wie sollten die Juden während des Krieges helfen? Indem sie Männer aus den jüdischen Ländern bereitstellten, um gegen die Türken zu kämpfen, wie es die Araber taten? Nein, das war es ganz und gar nicht. Die Zionisten stellten keine Arbeitskräfte zur Verfügung, um den Briten und Arabern beim Kampf gegen die Türken zu helfen. Wie haben die Zionisten geholfen?

Sie überredeten den US-Kongress, Deutschland gegen den Willen von 87% des amerikanischen Volkes den Krieg zu erklären. Dafür versprachen die Briten hinter dem Rücken der Araber und anderer palästinensischer Bewohner, deren Vorfahren seit 7000 Jahren in Palästina lebten; mit der Komplizenschaft der USA versprachen sie den Zionisten Palästina, obwohl kein internationales Gesetz sie dazu ermächtigte.

Nur wenige Stimmen protestierten gegen das, was Arnold Toynbee als "Kalamität" bezeichnete. Mehrere Schriftsteller, darunter Olivia Maria O'Grady, schlossen sich dem Protest gegen den Sykes-Picot-Teilungsplan an, der zur "Balfour-Erklärung" führte:

> Während des gesamten Krieges verkündeten England und seine Verbündeten immer wieder, dass sie für die Freiheit der Welt kämpften. Welche Art von Freiheit ist in der Balfour-Erklärung enthalten? Mit welchem Recht beabsichtigt Großbritannien, über das Land eines anderen Volkes zu verfügen? Auf welcher moralischen Grundlage kann eine Nation versuchen, eine nationale Heimat für ein fremdes Volk auf dem Gebiet eines anderen zu errichten? Palästina gehörte nicht Großbritannien.

Arnold Toynbee war ein hochgeschätzter britischer Historiker und eine bedeutende öffentliche Persönlichkeit, der für sein zehnbändiges Werk *A Study of History, das* eine umfassende Überprüfung der menschlichen Entwicklung im Lichte der idealistischen Geschichtsphilosophie darstellt, weltweite Anerkennung erhielt.

So würde es niemand wagen, McDonald, Toynbee und Lawrence von Arabien als "antijüdisch" oder "antisemitisch" zu bezeichnen - eine Drohung, die so viele Gleichgesinnte davon abgehalten hatte, die Doppelzüngigkeit der britischen Regierung anzuprangern, wie sie in der unrechtmäßigen Balfour-Erklärung zum Ausdruck kam. Toynbee brachte seine Wut über den Verrat der Araber in Bezug auf Palästina in *A Study of History* zum Ausdruck.

> Während die direkte Verantwortung für das Unglück, das 1948 über die palästinensischen Araber hereinbrach, bei den zionistischen Juden lag, die in jenem Jahr mit Waffengewalt den Lebensraum in Palästina für sich beanspruchten, lag eine schwere indirekte Verantwortung beim Volk des Vereinigten Königreichs, denn die Zionisten hätten 1948 nicht die Gelegenheit gehabt, ein arabisches Land zu erobern, in dem sie 1918 nur eine vernachlässigbare Minderheit waren, wenn, in den folgenden dreißig Jahren die Macht des Vereinigten Königreichs nicht kontinuierlich ausgeübt worden wäre, um jüdischen Einwanderern die Einreise nach Palästina zu ermöglichen -

gegen den Willen, trotz Protesten und ohne Rücksicht auf die Prognosen der arabischen Bewohner des Landes, die 1918 die Opfer dieser lange fortgesetzten britischen Politik werden sollten.

Lawrence von Arabien (Oberst Lawrence), der noch weniger der antijüdischen Voreingenommenheit bezichtigt oder als "Antisemit" gebrandmarkt werden könnte, schwieg nicht über den Verrat an seinem Engagement für die Araber:

> Wenn wir den Krieg gewannen, blieben die Versprechen, die wir den Arabern gemacht hatten, unerfüllt. Dabei war die arabische Inspiration unser wichtigstes Werkzeug, um den Krieg im Orient zu gewinnen. Ich versicherte ihnen daher, dass England sein Wort dem Buchstaben und dem Geist nach halten würde. Dank dieser Zusicherung führten sie ihre schönen Dinge aus; aber statt stolz auf das zu sein, was wir gemeinsam taten, empfand ich natürlich letztlich bittere Scham.

Zu dem, was Lawrence als Gefühl des totalen Verrats zum Ausdruck gebracht hatte, kamen weitere Stimmen hinzu, darunter O'Grady:

> Oberst Lawrence hatte gute Gründe, sich zu schämen. Während die Araber für England kämpften und starben, tauschte der britische Außenminister Arthur Balfour Palästina gegen das jüdische Versprechen, die Vereinigten Staaten dazu zu bringen, an der Seite Englands in den Krieg zu ziehen. In mehr diesem Verrat stimmten England und Frankreich mit den Bedingungen des Sykes-Picot-Abkommens zu, das arabische Land nach Kriegsende untereinander aufzuteilen.

Ich habe monatelang über Toynbees Aussage nachgedacht, weil es aufgrund seiner Herkunft und Zugehörigkeit höchst unwahrscheinlich war, dass er auch nur ansatzweise kritische Gefühle gegenüber den Zionisten oder seinen Mentoren, Rockefeller und Rothschild, zum Ausdruck bringen würde.

Laut Unterlagen in den Akten des War Office (und Kopien im British Museum) war Toynbee der Schützling von Lord Bryce, einem Anhänger der philosophischen Radikalen. Toynbee trat in die Fußstapfen von Bryce und schrieb einen Artikel für die Encyclopedia Britannica, 9 Ausgabe.

Der Artikel trug den Titel *German Terror in France: A Historical Record* und war eine Übung in hemmungsloser antideutscher Propaganda, die bezeichnenderweise 1917 in New York veröffentlicht wurde. Offensichtlich handelte es sich dabei um eine Aufforderung, Präsident Wilson in seinem Kampf zu unterstützen, Amerika in einen Krieg in Europa hineinzuziehen. Obwohl keine der Behauptungen über die deutsche Brutalität bewiesen werden konnte, wurde der Artikel weitgehend als wahr akzeptiert.

Das ist genau die Art von Rechtfertigung, die Wilson von einem Mitglied des Balliol College in Oxford brauchte, um zu erklären, warum Amerika seine Söhne zum Sterben nach Frankreich schicken sollte, "damit die Welt sicher für die Demokratie ist".

Später hören wir von Toynbee, als er zum Mitglied der britischen Delegation bei der Pariser Friedenskonferenz ernannt wird - ein wenig prestigeträchtiger Posten, den er bei seinem Zukunftsplan für das Royal Institute for International Affairs, dem außenpolitischen Organ des Komitees der 300, aufs Spiel setzt.

Als solcher musste Toynbee mit den Versprechungen, die dem Sheriff von Mekka, Hussein bin Ali und Oberst Lawrence gemacht worden waren, und dem Ausmaß des späteren Vertrauensverrats dieser beiden Männer, die den britischen Sieg über die Türken erst möglich gemacht hatten, eng vertraut gewesen sein.

Toynbee war der Autor eines bedeutenden Werkes, das eine einzige, autoritäre Weltregierung befürwortete, von dem Colonel House Präsident Wilson ein Exemplar überreicht hatte und auf dem viele Diktate Wilsons und des Royal Institute for International Affairs beruhten. Ich fand heraus, dass Toynbee mit einer Viertelmillion Dollar finanziert wurde, aber es gab keinen direkten Hinweis darauf, dass er auch von den Rothschilds finanziert wurde, obwohl es diese Verbindung gegeben haben könnte, wenn man bedenkt, dass es House war, der die Anweisungen lieferte, die Wilson auf der Völkerbundskonferenz befolgen sollte.

Hier liegt die Saat der Katastrophe, der Ursprung der bis heute andauernden Unruhen in Palästina, und unvoreingenommene Menschen wie die orthodoxen Juden Naturei Karta kannten die in diesem Dokument enthaltene, gut versteckte Geschichte des Ausverkaufs der Araber durch Rothschild und Balfour. Die orthodoxen Juden Naturei Karta sind mit der Vorstellung eines "jüdischen Heimatlandes" nicht einverstanden. Diese edle orthodoxe jüdische Bewegung ist gegen eine zionistische Präsenz in Palästina.

Was die Christen in Europa und Amerika betrifft, so sind sie in einen Zustand der Gleichgültigkeit gegenüber dem Schicksal der "anderen" Bewohner Palästinas verfallen. Das ehrt sie nicht und zeugt auch nicht von der christlichen Ethik des Fairplay, die in den Worten Christi verkörpert ist:

> "Tu anderen, was du möchtest, dass sie dir tun".

Durch alle Zeitalter hindurch haben Philosophen, Historiker und Wissenschaftler die Frage gestellt: Warum zeigt die Geschichte der Kriege, dass sie immer von der sogenannten "Elite", den Führern der Nationen, angezettelt werden? Ein Grund, den Henry Clay nennt, ist, dass bei Unzufriedenheit in der Bevölkerung die Bedrohung durch das Ausland als Vorwand benutzt wird, um diese Unruhe zu unterdrücken.

Der zweite und vielleicht wichtigste Grund ist, dass alle Kriege wirtschaftlichen Ursprungs sind. Da die Kontrolle über Banken und Finanzen in den Händen der Elite liegt, ist es bekannt, dass diese Kriege für wirtschaftliche Gewinne anzettelt. Beispielsweise haben die internationalen Bankiers im Ersten Weltkrieg riesige Vermögen eingestrichen. Die Rothschilds erzielten enorme Gewinne aus der Finanzierung beider Seiten des amerikanischen Bürgerkriegs.

Es gibt auch die Theorie von Bertrand Russell, dass Kriege die Bevölkerungszahl verringern. In den Augen des Komitees der 300 ist die Welt mit zu vielen Menschen gefüllt, die die natürlichen Ressourcen des Planeten in einem alarmierenden Tempo aufbrauchen. Die Lösung besteht laut Russell darin, sich der von ihm so genannten "nutzlosen Esser" zu entledigen, die in regelmäßigen Abständen geschlachtet werden sollten. Die zehn Millionen Toten des Ersten Weltkriegs waren nicht genug, um Russell zufrieden zu stellen, der die Idee vertrat, dass in regelmäßigen Abständen Seuchen und Pandemien eingeführt werden sollten, um die "unnützen Esser", die den Kriegen entkommen waren, zu eliminieren. Die AIDS-Pandemie wurde absichtlich in der Hoffnung eingeführt, dass sie Millionen von Menschen aus dem Pool der "überschüssigen Bevölkerung" entfernen würde.

Die Elite hat Wege ersonnen, um ihre Mitglieder vor Plagen zu bewahren, wie die erfolgreiche Bekämpfung der Pandemie des Schwarzen Todes im Mittelalter belegt. Im Hinblick auf den Militärdienst der Art, mit der Infanteristen konfrontiert sind, hat die Elite eine Erfolgsbilanz erfolgreicher Vermeidungstaktiken, wie die Erfolgsbilanz von Präsident G. W. Bush und Vizepräsident Richard Cheney. Dabei handelt es sich nicht um Einzelfälle, sondern sie sind in den Archiven aller Nationen in Hülle und Fülle zu finden.

KAPITEL 15

Eine hinterhältige Doppelzüngigkeit

William L. Langer, emeritierter Professor für Coolidge-Geschichte an der Harvard University, fasste die politische Situation im Jahr 1915 wie folgt zusammen:

> "Kampagnen in der asiatischen Türkei, 1916-1917 ... Palästina sollte unter internationale Verwaltung gestellt werden. 9. Mai 1916, Sykes-Picot-Abkommen zwischen Großbritannien und Frankreich ... Die im obigen Abkommen genannten Gebiete sollen von Frankreich und Großbritannien verwaltet werden, während das übrige Arabien in französische und britische Einflusssphären aufgeteilt, aber als arabischer Staat oder Staatenföderation organisiert werden soll."

In einem klassischen Unterton fügte Professor Langer dann hinzu:

> "Diese Vereinbarungen waren nicht vollständig mit anderen Vereinbarungen mit den arabischen Führern vereinbar, Vereinbarungen, die in der Tat nicht miteinander vereinbar waren."

Mit anderen Worten: Es gab zwei verschiedene Mandate, die zwei Sätze von Zielen anboten, von denen eines den Arabern völlig unbekannt war.

Gibt es eine Vorgeschichte solcher Handlungen durch einen US-Präsidenten, die jemals gebilligt wurden? Erlaubte die amerikanische Verfassung Wilson, seine Verhandlungen vorwiegend im intimen Rahmen mit Privatpersonen zu führen, die nicht offiziell von ihrer Regierung sanktioniert wurden? Die Antwort auf diese Fragen muss negativ ausfallen. Die Folgen für die US-Regierung und das amerikanische Volk waren weitreichend und erniedrigend. Darüber hinaus gab es für das amerikanische Volk nie eine Erklärung, warum die Balfour-Erklärung Lionel Rothschild zur Annahme vorgelegt wurde, da er keine offizielle Position innehatte? Allein aus diesem Grund war und ist die Balfour-Deklaration ein irreführendes Dokument.

Es ist klar, dass die britische Regierung bereits zu diesem Zeitpunkt begonnen hatte, ein doppeltes Spiel mit den Arabern und ihrem brillanten britischen Führer, Oberst Thomas Edward Lawrence, besser bekannt als "Lawrence von Arabien", zu spielen.

Professor Langer geht dann zwei Jahre zurück, bis zum 31. Oktober 1914, und gibt einen umfassenden Bericht über die geografische Lage der Araber und darüber, was Großbritannien in dem Versuch unternahm, im Krieg um den Nahen Osten den Sieg aus den Kiefern der Niederlage zu reißen:

> "Lord Kitchener (Befehlshaber der britischen Streitkräfte) hatte Hussein, dem Großsheriff von Mekka, eine bedingte Garantie für seine Unabhängigkeit angeboten. Im Juli 1915 wurden Verhandlungen zwischen dem Sheriff und der britischen Regierung aufgenommen. Am 30. Januar 1916 akzeptierten die Briten Husseins Bedingungen und ließen den genauen Status von Bagdad und Basra sowie der französischen Einflusssphäre in Syrien unbestimmt. "

Es sei darauf hingewiesen, dass hier nicht von einer "jüdischen Heimat" in Palästina die Rede ist, die den Juden vorbehalten ist.

> "Am 5. Juni 1916 begannen die arabischen Aufstände im Hedschas und es kam zu einem Angriff auf die türkische Garnison in Medina.
>
> Am 7. Juni erklärte Hussein die Unabhängigkeit des Hedschas und die (türkische) Garnison von Medina ergab sich.
>
> Am 29. Oktober wird Hussein zum König aller Araber ausgerufen. Er ruft die Araber auf, gegen die Türken Krieg zu führen.
>
> Am 15. Dezember erkannte die britische Regierung Hussein als König des Hedschas und aller Araber an. Weitgehend um den arabischen Aufstand zu stärken, entschied sich Sir Archibald

Murray, (seit dem 19. März 1916 Kommandant in Ägypten) für eine vorsichtige Offensive auf dem Sinai und in Palästina. Während all dieser Revisionen und Militäraktionen war in den Verhandlungen und Vereinbarungen zwischen der britischen Regierung und den Arabern nie von einer "jüdischen Heimstätte" in Palästina die Rede. Es wäre sicherlich klug, davon auszugehen, dass die Araber, wenn dies erwähnt worden wäre, es sofort abgelehnt und El Arish niemals eingenommen hätten. Die Mehrheit der Historiker stimmt in diesem entscheidenden Punkt überein.

Am 21. Dezember 1916 eroberten die Briten El Arish, nachdem sie eine Eisenbahnlinie und eine Pipeline durch die Wüste gebaut hatten. Am 17. und 19. April 1917 werden die Briten von einer vereinten Streitmacht aus Türken und Deutschen unter schweren Verlusten zurückgeschlagen. Am 28. Juni wurde Murray durch Sir Edmund Allenby ersetzt.

Am 6. Juli begann der Aufstieg des spektakulären Kriegshelden, Oberst Thomas E. Lawrence, der die arabische Bewegung galvanisierte und Aqaba einnahm, womit die brillanten Vorstöße gegen die türkischen Garnisonen und vor allem gegen die Wachen der Hijazbahn, der wichtigsten Verbindung der türkischen Kommunikation, begannen. Die Geschichte bestätigt, dass all diese Kämpfe entlang der Hijazbahn und in Aqaba ausschließlich von arabischen Kräften unter dem Kommando von Lawrence geführt wurden. Keine britische Truppe war an diesen Schlüsselkampagnen beteiligt, und es gibt keine Hinweise auf eine Beteiligung jüdischer Kräfte. Langer und andere Historiker geben bereitwillig zu, dass die Briten ohne die Hilfe der Araber nicht in der Lage gewesen wären, die Türkei aus Arabien und Palästina zu vertreiben. Tatsächlich waren es die Araber unter der Führung von Lawrence, die die Türken aus Arabien und Palästina vertrieben. Es ist völlig unlogisch zu glauben, dass die Araber unter Lawrence und seinen Versprechungen dies in dem Wissen taten, dass ein 'Heimatland für die Juden' die Belohnung für ihren Kampf sein würde".

Langer fährt fort:

An der Front in Palästina hatte der neue britische Befehlshaber, General Edmund Allenby, im Oktober 1917 mit dem Vormarsch begonnen ... Am 9. Dezember nahm Allenby Jerusalem ein. Der britische Vormarsch wurde dadurch verzögert, dass Allenby gezwungen war, große Kontingente seiner Armee nach Frankreich zu schicken, um die Krise an der Front in Frankreich zu bewältigen, wo die britische Armee mit schweren Verlusten besiegt worden war, und um den siegreichen deutschen Vormarsch aufzuhalten. Die britische Armee ordnete die Rückkehr aller ihrer in Mesopotamien und der Türkei an der deutschen und französischen Front kämpfenden Streitkräfte an, um dabei zu helfen, den Vormarsch der französischen und deutschen Truppen in Europa einzudämmen.

Ich vermute, dass es bis auf einige Garnisons- und Versorgungstruppen keine britischen Truppen mehr in Palästina gab, da die große Mehrheit am 18. März 1918 nach Frankreich geschickt worden war. Langers Behauptung, die britischen Streitkräfte seien von den Arabern materiell unterstützt worden, ist falsch. Es waren die arabischen Streitkräfte, unterstützt von einigen britischen Truppen, die nach der Entsendung der britischen Hauptarmee nach Frankreich im Land geblieben waren, die den Großteil der Kämpfe führten. Langer fügt hinzu, dass die britischen Streitkräfte die türkische Präsenz in Palästina beendeten. Ich schlage vor, dass seine Darstellung offensichtlich falsch ist.

Es waren die arabischen Streitkräfte, die der türkischen Präsenz in Palästina ein Ende setzten. Bei den großen Schlachten in Palästina waren keine französischen, britischen oder jüdischen Truppen anwesend. Dies ist eine unbestrittene Tatsache. Toynbee und Lawrence waren entsetzt und brachten ihre Empörung über Langers Bericht in der Londoner *Times* zum Ausdruck, indem sie ihn für falsch erklärten. Es ist offensichtlich, dass Allenby, seiner britischen Truppen beraubt, auf arabische Kräfte angewiesen war, um seinen Feldzug gegen die Türken fortzusetzen, da er wusste, dass die kampferprobten Araber die Türken bei ihrem Feldzug am 8. September 1918 aus Palästina zurückdrängen würden. Langer erklärt:

> Die Briten durchbrachen die türkischen Linien in der Nähe des Mittelmeers und begannen, die feindlichen Kräfte zu zermalmen. Die britischen Streitkräfte, die von den Arabern unter Lawrence materiell unterstützt wurden, waren nun in der

Lage, nach Norden vorzustoßen.

Auch hier bemüht sich Langer, die Schlüsselrolle der arabischen Streitkräfte, die den Großteil der Kämpfe führten, herunterzuspielen. Auf Seite 316 ihres Buches gibt die Historikerin O'Grady ihre Meinung zu den Ereignissen in Palästina wieder:

> Da die britische Armee ins Heilige Land marschierte, begannen die jüdischen Aussichten auf Palästina in den Händen des Kaisers zu schwinden. Wenn Großbritannien den Juden aus aller Welt einen Fuß in die Tür Palästinas garantieren würde, würden sie für Großbritannien arbeiten. Im Februar 1917 wurden Verhandlungen mit der britischen Regierung aufgenommen, wobei Sir Mark Sykes als Hauptvermittler fungierte. Am 2. November 1917 reduzierte Lord Balfour die Ergebnisse der geheimen Verhandlungen und der ausgedehnten Kommunikation zwischen Privatpersonen in den USA in einem Brief an Lionel Rothschild, den ungekrönten König von Israel.

Dieser Brief, der später als "Balfour-Deklaration" bekannt wurde, lautet wie folgt:

> Sehr geehrter Lord Rothschild, es ist mir eine große Freude, Ihnen im Namen der Regierung Seiner Majestät die folgende Sympathieerklärung für die jüdisch-zionistischen Bestrebungen zu übermitteln, die dem Kabinett vorgelegt und von diesem gebilligt wurde.
>
> Die Regierung Seiner Majestät betrachtet die Errichtung einer nationalen Heimat für das jüdische Volk in Palästina mit Wohlwollen und wird alles tun, um die Erreichung dieses Ziels zu erleichtern, wobei klar ist, dass nichts unternommen wird, was die bürgerlichen und religiösen Rechte der nichtjüdischen Gemeinschaften in Palästina oder die Rechte und den politischen Status, den die Juden in jedem anderen Land genießen, beeinträchtigen könnte. Ich würde mich freuen, wenn Sie diese Erklärung der Zionistischen Föderation zur Kenntnis bringen könnten.

Die Juden bemühten sich, die nichtjüdische Öffentlichkeit glauben zu machen, dass Lord Balfour die "Gerechtigkeit" ihrer Sache erkannte und die Erklärung schrieb, nachdem er die Idee an die britische Regierung "verkauft" hatte. Als sie über die Veröffentlichung des Briefes berichteten, sagten die Zionisten:

> Die Balfour-Erklärung wird zu Recht als "Balfour-Deklaration" bezeichnet, nicht nur, weil Sir Arthur Balfour als Außenminister den historischen Brief verfasste, sondern auch, weil er mehr als jeder andere Staatsmann für die in der Erklärung verkörperte Politik verantwortlich ist.

Aus Fairness gegenüber dem jüdischen Volk habe ich gesucht, aber ich konnte keinen Hinweis auf Lawrence von Arabien oder Sheriff Hussein oder irgendeinen Führer des in Palästina lebenden Volkes finden, die von Balfour oder Sykes konsultiert worden wären, obwohl fleißig recherchiert wurde, ob dies vielleicht aufgezeichnet worden war und der Aufmerksamkeit der Forscher entgangen war, aber das war nicht der Fall. Fahren wir mit O'Grady fort:

> Und natürlich könnte nichts weiter von der Wahrheit entfernt sein. Der ursprüngliche Entwurf wurde von den Juden selbst verfasst. Wer war der Richter Brandeis, der ihn verfasst hat? Brandeis war ein linksextremer Sozialist der US-Demokratischen Partei, Richter am Obersten Gerichtshof der Vereinigten Staaten und Mitglied mehrerer zionistischer Organisationen. Während der gesamten Verhandlungen von Arthur Balfour und Lord Rothschild, von denen keine jemals den Scherifen Hussein oder Lawrence von Arabien einschloss; handelte Brandeis als amerikanischer Staatsbürger und war weder vom Kongress noch vom Außenministerium autorisiert, als Sprecher der US-Regierung zu fungieren.

Die Historikerin O'Grady führt anschließend aus, dass "Präsident Wilson ihn gebilligt hat". Dies wirft wichtige Fragen auf: Als Wilson sich in die "Gespräche" zwischen Brandeis, Lionel Rothschild, Lord Balfour und der Zionistischen Partei Amerikas einmischte, handelte er da in einer anderen Funktion als der des Präsidenten?

* Wenn nein, handelte Wilson offiziell in seiner Rolle als Präsident der Vereinigten Staaten?

* Hatte der Kongress Wilsons Handlungen gebilligt und wurden sie vom US-Kongress finanziert?

* Wenn ja, war Wilson durch eine Resolution des US-Kongresses ermächtigt worden, in irgendeiner Funktion zu handeln?

Präsident Wilson billigte sie und sie wurde anschließend Balfour zur Unterzeichnung vorgelegt. Kein Ereignis in der Geschichte der Vereinigten Staaten ist demütigender. Es gibt keine Erklärung dafür, warum die Erklärung von Brandeis, der kein Regierungsamt innehatte, verfasst und dann Lionel Rothschild, der kein offizielles Amt in der britischen Regierung innehatte, vorgelegt wurde. (Maria O'Grady)

Welche Aktivitäten hinter den Kulissen stattfanden, erläutert Dr. Jacob de Haas in seiner Biografie über Richter Brandeis:

> Eine beträchtliche Anzahl von Entwürfen [der Balfour-Erklärung] wurde in London verfasst und über die Kanäle des War Office an die Vereinigten Staaten weitergeleitet, um vom amerikanischen zionistischen politischen Komitee verwendet zu werden. Der amerikanische Einfluss in den Kriegsräten führte dazu, dass die Briten vor der Veröffentlichung der Erklärung die Zustimmung von Präsident Wilson und die Genehmigung der Terminologie der Erklärung einholten.
>
> Der Entwurf, der von Regierung zu Regierung verdrahtet wurde, wurde dem Brandeis-Regime zur Genehmigung vorgelegt. Nach einer dringend notwendigen Überarbeitung genehmigte Präsident Wilson durch Oberst House, der mit den zionistischen Zielen voll sympathisierte, die Verdrahtung des Entwurfs an die britische Regierung, der veröffentlicht wurde und dem alle alliierten Regierungen ihrerseits ihre Zustimmung gaben.
>
> Das "Brandeis-Regime" bezieht sich auf das Provisorische Komitee für allgemeine zionistische Angelegenheiten, dessen Vorsitzender Brandeis war. Können Sie, der Leser, sich das vorstellen? Entwürfe per Kabel, die USA, das britische Kriegsministerium - alle arbeiten für die Zionisten! Welche ungeheure Macht sie ausüben!

Auch hier wird nicht erwähnt, dass Hussein, Lawrence, die arabischen Führer oder das Volk von Palästina konsultiert wurden, und es scheint auch nicht, dass der US-Kongress Kenntnis von den geheimen Verhandlungen zwischen dem Brandeis-Komitee der nicht-amerikanischen Regierung und Lord Rothschild, Wilson und Balfour hatte. Lediglich die Zionisten wurden konsultiert. Die meisten Studenten der jüdischen Intrigen vermuteten hinter der Balfour-Erklärung britische und jüdische Pläne und Ziele. Obwohl die USA bereits seit fast sieben Monaten in den Krieg eingetreten waren, als die Erklärung veröffentlicht wurde, blieb ihre Bedeutung als ein Faktor, der die USA involvierte, nicht unbemerkt.

Es gab zahlreiche Beweismittel, die präzise Schlussfolgerungen zuließen. Regierungsverhandlungen über solche Transaktionen sind jedoch immer geheim, und es ist in der Regel sehr schwierig, zum Zeitpunkt der Transaktion schlüssige Beweise zu erhalten.

Wenn ein Ereignis irreparabel ist und sich in den Nebeln der Vergangenheit verliert, neigen Menschen dazu, ihre Memoiren zu schreiben und sich mit geheimen Heldentaten zu brüsten, die einst die Welt erschüttert haben. Dies war auch bei Herrn Landman der Fall. Er war Ehrensekretär des Second Joint Zionist Council des Vereinigten Königreichs, Herausgeber des *Zionist* und Sekretär und Anwalt der Zionistischen Organisation. Später war er Rechtsberater der Neuen Zionistischen Organisation.

Unter der Überschrift "Great Britain, the Jews and Palestine", die am 7. Februar 1936 im *London Jewish Chronicle* veröffentlicht wurde, schrieb Landman auszugsweise Folgendes:

> In den kritischen Tagen des Krieges 1916, als der Übertritt Russlands unmittelbar bevorstand und die jüdische Meinung allgemein antirussisch war und hoffte, dass Deutschland ihnen im Falle eines Sieges unter bestimmten Umständen Palästina überlassen würde, wurden von den Alliierten mehrere Versuche unternommen, Amerika dazu zu bringen, auf ihrer Seite in den Krieg einzutreten. Diese Versuche blieben jedoch erfolglos.
>
> Herr George Picot von der französischen Botschaft in London und Gout von der Ostabteilung des Quai d'Orsay, der damals in engem Kontakt mit dem verstorbenen Sir Mark Sykes vom Kabinettssekretariat stand, nutzte die Gelegenheit, um die britischen und französischen Regierungsvertreter davon zu überzeugen, dass die beste und vielleicht einzige Möglichkeit, den amerikanischen Präsidenten zum Kriegseintritt zu bewegen,

darin bestand, die zionistischen Juden zur Mitarbeit zu bewegen, indem man ihnen Palästina versprach.

Dadurch würden die Alliierten die bis dahin ungeahnte mächtige Kraft der zionistischen Juden in Amerika und anderswo auf der Grundlage einer Gegenleistung für die Alliierten einspannen und mobilisieren. Zu dieser Zeit maß Präsident Wilson dem Gutachten von Richter Brandeis die größtmögliche Bedeutung bei.

Sir Mark erhielt vom Kriegskabinett die Erlaubnis, Herrn Malcolm zu erlauben, auf dieser Grundlage an die Zionisten heranzutreten, weder Mark Sykes noch Herr Malcolm wussten, wer die zionistischen Führer waren, und es war Herr L. J. Greenberg, an den sich Herr Malcolm wandte, um zu erfahren, an wen er sich wenden sollte... Die Zionisten erfüllten ihre Rolle und trugen dazu bei, Amerika einzuführen, und die Balfour-Erklärung vom 2. November 1917 war nichts anderes als die öffentliche Bestätigung der mündlichen Vereinbarung von 1916.

Diese mündliche Vereinbarung wurde mit vorheriger Zustimmung und Billigung nicht nur der britischen, französischen, amerikanischen und anderer verbündeter Regierungen, sondern auch der arabischen Führer getroffen... Wie bereits an anderer Stelle ausführlich erläutert, wussten Dr. Weitzman und Herr Sokolow, dass M. Malcolm als James James Malcolm für die jüdische Regierung tätig war. James Malcolm als Abgesandter des britischen Kriegskabinetts zu ihnen gekommen war, das ihn ermächtigt hatte, in ihrem Namen zu sagen, dass England den Juden Palästina im Austausch für zionistische Hilfe geben würde, und zwar über Richter Brandeis, um die USA dazu zu bringen, den Alliierten zu Hilfe zu kommen. Sowohl Sir Mark Sykes als auch Herr Malcolm informierten die arabischen Vertreter in London und Paris darüber, dass ohne die Hilfe der USA die Aussichten auf einen arabischen Staat nach dem Krieg problematisch seien und sie daher akzeptieren müssten, dass Palästina im Gegenzug für ihre Hilfe an die Juden fallen würde, um die USA zum Eingreifen zu bewegen.

Nach vielen eifrigen Recherchen konnte ich die Namen der "arabischen Vertreter in Paris und London" nicht finden, die angeblich über die Verschwörung informiert waren, die

Versprechen gegenüber Hussein bin Ali, dem Sheriff von Mekka und Medina, und Oberst Lawrence zu übertreffen, und auch Herr Landman nennt diese mysteriösen "arabischen Vertreter" nicht beim Namen. Dies wirft die Frage auf: "Warum nicht? "Da er alle anderen namentlich erwähnt, warum bleiben die "arabischen Vertreter" dann anonym?

Völlig klar ist, dass weder Lawrence noch Hussein bin Ali darüber informiert wurden, was vor sich ging, obwohl sie im Krieg gegen die Türkei ihr Leben und das ihrer Männer riskierten, und dass keine Dokumente gefunden wurden, die belegen, dass sie von den geheimen Verhandlungen mit den Zionisten wussten und dass sie aufgefordert wurden, ihre Vertreter nach London und Paris zu schicken. Die Zionisten waren informiert, aber nicht das amerikanische Volk, auf dessen Rücken der Krieg geführt werden sollte.

KAPITEL 16

Das "perfides Albion" wird seinem Ruf gerecht

Wie auch immer, wie das gewöhnliche amerikanische Volk wussten Lawrence und Hussein bin Ali nichts von dem, was Ramsey McDonald als "dreifachen Deal" bezeichnete, der hinter ihrem Rücken stattfand. Und als für Wilson der Zeitpunkt gekommen war, Amerika gegen den Willen der großen Mehrheit des Volkes in den europäischen Konflikt hineinzuziehen, lautete seine abgedroschene Entschuldigung, dass der Krieg ein Kreuzzug sei, "um die Welt für die Demokratie sicher zu machen". Der von Wilson begangene Verrat dauert bis heute an. Dr. Bella Dodd schrieb 1930, dass die Situation unter Wilson so schlimm war, dass er das Gefühl hatte, dass "die moderne Geschichte zum großen Teil eine Verschwörung gegen die Wahrheit ist". (*The Conspiracy Against God and Man*, Seite 9)

Ich fand heraus, dass ohne die Unterstützung von Baron Edmond Rothschild die Siedlungen der russischen Zionisten in Rison, Zikron und Rosh Pina gescheitert wären und es praktisch keine jüdische Präsenz in Palästina gegeben hätte. Dies war ein Schlüsselelement der Rothschild-Strategie, um den Eindruck zu erwecken, dass die Juden bereits in Palästina lebten - eine Täuschung, die funktionierte.

Rothschild half auch bei der Gründung von zwei neuen Kolonien, Ekron und Medull. Insgesamt gab es Ende des Jahrhunderts einundzwanzig landwirtschaftliche Siedlungen, aber Rothschild hatte kein Vertrauen in die Fähigkeiten der Siedler und bestand darauf, die direkte Aufsicht und Kontrolle über die Siedlungen zu behalten. Hubert Herring fasst in seinem Buch *And So to War* den Preis zusammen, den die USA zahlen mussten, damit die

Zionisten Palästina bekommen konnten:

> Wir haben für den Krieg bezahlt. Wir haben mit den Leben von 126.000 Toten, 234.300 Verstümmelten und Verwundeten bezahlt. Wir haben mit den verrenkten Leben Hunderttausender Menschen bezahlt, die der Krieg von ihrem angestammten Platz in einer friedlichen Welt weggerissen hat. Wir bezahlten ihn mit dem unabwendbaren Schaden, den die Peitschen der Kriegshysterie unserer nationalen Moral zufügten. Wir bezahlten ihn mit einer Zeit der wirtschaftlichen Verwirrung, aus der wir noch nicht herausgekommen sind. Die direkte Rechnung des Krieges belief sich auf fünfundfünfzig Milliarden Dollar. Die indirekte Rechnung wird nie berechnet werden können.

Und was war die Gegenleistung auf Seiten der Zionisten? Soweit ich das beurteilen kann, bedeutete das absolut nichts. Eine interessante Randbemerkung ist Herzls Scheitern, den Segen von Papst Pius X. für die jüdische Einwanderung nach Palästina zu erhalten:

> Wir sind nicht in der Lage, diese Bewegung zu fördern. Wir können die Juden nicht davon abhalten, nach Jerusalem zu gehen, aber wir können sie niemals segnen.

Laut *A History of Zionism*, S. 129-130, fand der Austausch bei einem Treffen mit dem Papst im Jahr 1903 statt, was bedeutet, dass Lord Arthur Balfour schon lange vor der Unterzeichnung der Erklärung wusste, dass es in der katholischen Kirche starken Widerstand gegen die zionistische Einwanderung nach Palästina gab, aber er informierte niemanden darüber. Das Muster des Doppelspiels war also bereits 1903 offensichtlich.

Die katholische Opposition gegen Israel mag zu dem gewalttätigen Hass der Rothschilds auf Russland mit seiner großen christlichen Bevölkerung beigetragen haben.

Herzl, der Vater des Zionismus, starb im Alter von 44 Jahren. Laut *A History of Zionism verstand* er sich nie besonders gut mit den Rothschilds oder den orthodoxen Juden, deren führende Rabbiner seinen autokratischen Stil nicht schätzten. Herzl wollte immer bei allem das letzte Wort haben.

> Wie Herzls Kritiker betonten, gab es bei Herzl nur sehr wenig

spezifisch Jüdisches. Dies wird vielleicht am deutlichsten in seiner Vision eines jüdischen Staates...

Herzl schwebte ein moderner, technologisch fortschrittlicher und aufgeklärter Staat vor, der von den Juden aufgeklärt wurde, aber nicht spezifisch ein jüdischer Staat. (*Eine Geschichte des Zionismus*, Seite 132-133)

Man kann kaum behaupten, dass Herzl an Palästina als religiöser "Heimat" für Juden interessiert war, vor allem angesichts der Tatsache, dass die meisten neuen Siedler aus Russland kamen und keine vorherige Verbindung zu Palästina hatten und es keine Geschichte von russischen Juden gab, die dort gelebt hatten, oder eine besondere Religion.

Lacquer drückt dies sehr deutlich aus. Lord Chamberlain schlug vor, den Juden in Uganda eine "Heimat" zu verschaffen, obwohl dieses Land kein von der britischen Regierung zu verschenkendes Land war. Chamberlain sagte Herzl, er habe Uganda besucht und gedacht: Hier ist ein Land für Dr. Herzl, aber natürlich will er nur Palästina oder dessen Umgebung. Er hatte Recht. Herzl wischte den Gedanken mit einer Handbewegung beiseite. Seine Fixierung war auf Palästina gerichtet und nichts anderes würde reichen. Am 30. Mai 1903 schrieb er an Rothschild: "Ich bin nicht entmutigt. Ich habe bereits einen sehr mächtigen Mann, der mir helfen wird. (*A History of Zionism*, Walter Laqueur, Seiten 122,123)

Dies war der wahre autokratische Stil Herzls in Aktion. Obwohl ich keine direkten Verbindungen zwischen den Rothschilds und Sir Halford Mackinder entdecken konnte, lässt die zwischen den Mittelsmännern ausgetauschte Korrespondenz darauf schließen, dass die beiden Männer sich in einer Reihe von Angelegenheiten berieten, insbesondere bei der Abfassung des Plans für die künftige einheitliche Weltregierung , die Neue Weltordnung, mit deren Erstellung Mackinder beauftragt worden war. Als Protegé der London School of Economics, die ein Hort kommunistischer Ideale war, machte Mackinder dennoch eine gute Figur als Konservativer und es wird angenommen, dass er Präsident Wilson auf der Pariser Friedenskonferenz hinsichtlich der

Maßnahmen beeinflusste, die zur Errichtung einer neuen Weltordnung durch ein Mandat des Völkerbundes ergriffen werden sollten. Es steht fest, dass die Rothschilds einen großen Beitrag zur Verwirklichung des weltweiten sozialistischen Traums geleistet haben. Einen Monat nach Wilsons Ankunft bei der Pariser Friedenskonferenz wurde Mackinders neues Buch, *Democratic Ideals and Reality*, veröffentlicht. Der Zeitpunkt der Veröffentlichung des Buches war kein Zufall.

In seinem Buch fordert Mackinder die Errichtung einer Neuen Weltordnung (NWO) im Rahmen einer einzigen Weltregierung, vorgeblich des Völkerbundes. Wenn dieses Ziel nicht mit friedlichen und freiwilligen Mitteln erreicht werden könne, müsse Gewalt angewendet werden.

Mackinder gab zu, dass die Neue Weltordnung zwar idealerweise eine demokratische Institution sein würde, man aber nicht erwarten könne, dass sie nicht manchmal eine Diktatur sein würde. Die Zionisten haben behauptet, dass der Völkerbund ihr Konzept sei, und Maria O'Grady bezieht sich in ihrem Buch darauf, wo sie feststellt:

> Präsident Wilson war von der jüdischen Finanzbruderschaft umgeben, wurde hier und da von dem finsteren Oberst House angetrieben und von dem Zionisten Brandeis beraten. (Seite 342)

Die Zionisten haben das Konzept des Völkerbundes stark gefördert und ihn als ihre Schöpfung beansprucht:

> Die Gesellschaft ist eine jüdische Idee, sagte Nahum Sokolow auf der Konferenz in Karlsbad. Wir haben sie nach einem 25-jährigen Kampf gegründet.

Eine ultimative sozialistisch dominierte Weltregierung ist seit langem das Ziel des Sozialismus, und es ist bekannt, dass dieses Konzept von den Rothschilds favorisiert wurde. Als Mitglied ihrer eigenen Familie , arbeitete Jacob Schiff hart daran, einen Völkerbund zu gründen. Er erhielt eine Spende von 3.000 Pfund von N.M. Rothschild aus dem Londoner Zweig der Familie. Wie wir sehen werden, gab es vielleicht einen Hintergedanken dahinter, denn der Völkerbund sollte eine entscheidende Rolle dabei spielen, der britischen Regierung ein Mandat für Palästina zu erteilen, ein entscheidender Schritt auf dem Weg zur Gewährung einer "Heimat" für die Juden in Palästina. Mit diesem Gedanken im Hinterkopf komme ich auf Lord Balfour und seine sogenannte "Balfour-Erklärung" zurück, die auf einem doppelten Spiel, Täuschung und geheimen Absprachen hinter dem Rücken von Oberst Lawrence und den Arabern beruhte.

Balfour beeilte sich zu erklären, dass eine "jüdische Heimat" in Palästina nicht bedeute, den Bewohnern Palästinas einen jüdischen Staat aufzuzwingen, doch im Lichte der späteren Ereignisse wurde dies als das Ziel der Zionisten deutlich. Wie Balfour es ausdrückte

> ... sondern die Entwicklung der bestehenden jüdischen Gemeinschaft zu einem Zentrum, in dem das jüdische Volk als Ganzes aus Gründen der Religion und der Rasse Interesse und Stolz entwickeln konnte.

Was Balfour nicht sagte, war, dass nichts, was die Briten taten oder sagten, die Tatsache verschleiern konnte, dass Palästina ihnen nicht gehörte und dass die britische Regierung nicht das geringste Recht hatte, ein Mandat für Palästina zu erhalten. Doch Balfour, der von Lord Nathan Rothschild unterstützt wurde, machte weiter, als hätten sie ein inhärentes Recht, auf die willkürliche Weise zu handeln, die sie für angemessen hielten.

Lord Balfour ignorierte völlig das Recht der Araber und anderer Bevölkerungsgruppen, einschließlich der Christen, das immerhin über 7000 Jahre alt ist. Walter Laqueur, einer der führenden Experten für den Zionismus, bestätigte, dass die meisten Juden, die gemäß der Balfour-Erklärung in Palästina leben sollten, aus Russland stammten. Sie hatten keine vorherige Verbindung zu Palästina. Laqueur wies auch darauf hin, dass die russischen Juden nicht sehr glücklich darüber waren, dass sie aus Russland entwurzelt und nach Palästina geschickt wurden:

> Die russischen Juden waren in ihrer Haltung zum Zionismus und zu einer nationalen jüdischen Heimstätte (einer religiösen Heimat) gespalten und wären ohnehin nicht in der Lage gewesen, Russland im Krieg zu halten. Anderseits hätten die

Alliierten, um es etwas grob auszudrücken, den Krieg auch dann gewonnen, wenn den Zionisten keine Versprechen gemacht worden wären.

Was Laqueur, wenn auch etwas indirekt, erklärte, war der "Deal", den die Zionisten mit Balfour geschlossen hatten: Wenn die Zionisten die USA dazu bringen könnten, an der Seite der Alliierten in den Krieg einzutreten, würden die Briten im Gegenzug eine jüdische Heimstätte in Palästina errichten.

Als er kurz nach der Verabschiedung der Balfour-Erklärung bei einem privaten Treffen gefragt wurde, ob er die Absicht gehabt habe, die Juden um Unterstützung im Krieg zu bitten, antwortete Balfour "ganz bestimmt nicht" und fuhr fort zu erklären, dass er das Gefühl habe, dazu beigetragen zu haben, ein Unrecht von welthistorischer Dimension wiedergutzumachen. 1922 hielt Balfour eine Rede, in der er erklärte, dass die gesamte europäische Kultur sich großer Verbrechen an den Juden schuldig gemacht habe und dass Großbritannien die Initiative ergriffen habe, um ihnen die Gelegenheit zu geben, in Frieden die großen Gaben zu entwickeln, die sie in der Vergangenheit in den Ländern der Diaspora hatten anwenden können. (*Eine Geschichte des Zionismus*, Seite 203)

Balfour erklärte nicht, warum es als legal angesehen wurde, Palästina den Juden zu geben, obwohl es einem Volk gehörte, das dort seit 7000 Jahren lebte, zumal ein großes Stück Land in Madagaskar sowie Land in Uganda angeboten und ohne Diskussion abgelehnt worden waren. Balfour erklärte auch nicht, dass seine großmütige Geste zugunsten der Juden auf Kosten der arabischen und anderen nichtjüdischen Bevölkerung Palästinas gehen würde. Er erklärte nie, welche Verbindungen die Mehrheit der neuen Siedler, die aus Russland kamen, zu Palästina hatten.

Laut Dr. Jacob de Haas müssen Balfours altruistische Beteuerungen in Frage gestellt werden, da der wahre Grund für die Erklärung darin bestand, die USA dazu zu bringen, an der Seite der Alliierten in den Krieg einzutreten.

Die Bestätigung der wahren Motive der Balfour-Deklaration kam aus einer anderen fundierten Quelle, Congressional Record, 25. April 1939, Seiten 6597-6604, die eine Rede von Senator Nye vor dem US-Senat wiedergibt:

> Es wurde eine Reihe von Büchern unter dem Titel "The Next War" (Der nächste Krieg) veröffentlicht. Einer der Bände dieser Reihe trägt den Titel "Propaganda in the Next War". Dieser spezielle Band wurde von einem gewissen Sydney Rogerson verfasst.
>
> Ich konnte keine Aufzeichnungen über seine Vorgeschichte bekommen; aber der Chefredakteur all dieser Bücher, einschließlich des Buches mit dem Titel "Propaganda im nächsten Krieg", ist ein Mann, dessen Name in der ganzen Welt als Autorität in Großbritannien bekannt ist. Er ist kein anderer als Hauptmann Liddell Hart, Teilhaber der *Londoner Times*, Schriftsteller und militärische Autorität in Europa.
>
> Ich verstehe, dass dieser spezielle Band mit dem Titel "Propaganda in the Next War", der im letzten Herbst veröffentlicht und in Umlauf gebracht wurde, anstatt dass seine Verbreitung ausgeweitet wurde, nun in den Händen derer leidet, die ihn aus dem Verkehr ziehen wollen. Vor einigen Tagen kam ich mit dem Band selbst auf das Parkett des Senats. Es tut mir leid, dass ich ihn heute nicht bei mir habe. Mir wurde gesagt, dass dies das einzige Exemplar von "Propaganda in the Next War" ist, das in den USA erhältlich ist. Man kann es haben, ich kann es mir ausleihen, wenn ich die Gelegenheit habe, es im Senat zu brauchen, aber es ist nicht mehr so leicht zu bekommen. Ich hätte gerne das ganze Buch und würde es gerne von jedem Mitglied des Senats lesen lassen.

Die folgenden Zitate stammen aus *Propaganda in the Next War:*

> Von Zeit zu Zeit war die Frage, auf welche Seite sich die USA neigen würden, in der Waagschale und das Endergebnis machte unserer entweihten Maschine alle Ehre. Es gibt noch die Juden. Es wird geschätzt, dass von den 15 Millionen Menschen auf der Welt nicht weniger als 5 Millionen in den Vereinigten Staaten leben; 25% der Bevölkerung von New York sind Juden. Während des Großen Krieges kauften wir diese riesige jüdische Öffentlichkeit mit dem Versprechen einer nationalen Heimstätte in Palästina, das Ludendorf als propagandistischen Meisterstreich betrachtete, da es uns erlaubte, nicht nur an die Juden in Amerika, sondern auch an die Juden in Deutschland zu appellieren.

George Armstrong erklärt in seinem Buch *The Rothschild Money Trust*, wie es dazu kam:

> Es besteht kein Zweifel daran, dass Präsident Wilson vor seiner zweiten Wahl im Jahr 1916 uns aus dem Krieg herausgehalten hat. Es gibt auch keinen Zweifel daran, dass er mit diesem Slogan gewählt wurde. Warum änderte er seine Meinung kurz nach der Wahl? Warum schloss er mit der britischen Regierung ein Abkommen über die Unterstützung der Alliierten? Dies ist bis heute ein unerklärtes Rätsel geblieben.

KAPITEL 17

Ein Dreierkarussell entscheidet über das Schicksal Palästinas

Ramsey McDonald bezeichnete die Balfour-Erklärung als "dreifaches Kreuz", doch der Völkerbund beging den ersten von vielen Fehlern, als er am 23. September 1923 ein britisches Mandat erteilte und damit schon früh bewies, dass er keine unparteiische Organisation war, wie auch immer er definiert wurde. Indem sie in der Präambel der Mandatskommission die Balfour-Deklaration zitierte, behandelte sie Einwanderungsprobleme und wie sie diese mit einer Reihe von Artikeln anzugehen vorschlug, von denen Artikel 22 der verbindlichste war. Nirgendwo ging sie auf die Frage ein, ob Großbritannien Land abtreten sollte, das ihm nicht gehörte:

> In der Erwägung, dass der Völkerbund erklärt: Wo die Völker noch nicht in der Lage sind, sich selbst zu versorgen, sollte für sie ein Regierungssystem eingerichtet werden, das der anerkannten Meinung entspricht, dass das Wohlergehen und die Entwicklung dieser Völker ein erschreckendes Vertrauen in die Zivilisation darstellt.

Für unerfahrene Menschen mag die Subtilität, mit der Wilsons Garantien kurzgeschlossen wurden, nicht sofort ersichtlich sein, aber was Artikel 23 tat, war, Wilsons Garantien "der Selbstbestimmung und Unabhängigkeit" zu negieren und sie durch das eingebildete Recht des Völkerbundes zu ersetzen, sich in die Angelegenheiten souveräner Nationen und Staaten einzumischen, womit er in Wirklichkeit seine eigene Charta besudelte. So muss es für rechtschaffene Geister offensichtlich werden, dass der Völkerbund seit seiner Gründung die Absicht hatte, sich in die inneren Angelegenheiten souveräner Nationen und Staaten einzumischen. Diese Unmoral und hinterhältigen politischen Manöver setzten sich noch schamloser fort, als der Völkerbund sein Bastardkind, die Vereinten Nationen, gebar, die 1948 Palästina den Zionisten zusprachen und damit dem "unveräußerlichen Recht der Völker" Gewalt antaten, das in Artikel 22 des längst vergessenen früheren Elternbundes verkörpert war.

Lawrence von Arabien und der Sheriff von Mekka waren entsetzt über den Verrat des britischen Versprechens an Emir Hussein, der die türkische Armee bis zum Stillstand bekämpft hatte und Lawrence' Versprechen glaubte, dass Großbritannien immer sein Wort halten würde.

Auf der Friedenskonferenz wurden die Araber von Emir Faisal, dem Sohn von Sheriff Hussein, vertreten. Er hatte die arabischen Truppen unter Oberst Lawrence befehligt und war Unterzeichner des McMahon-Hussein-Vertrags, der die schriftliche Zusicherung enthielt, dass Großbritannien seine Verpflichtung und sein Versprechen gegenüber den Arabern in Bezug auf Palästina einhalten würde.

Faisal, der weder Englisch noch Französisch perfekt verstehen kann und kein Mann ist, der an dunkle Intrigen und Wortbruch gewöhnt ist, versteht nicht, was vor sich geht, sodass er sich an Wilson wendet, der eine amerikanische Kommission, die King-Crane-Kommission, nach Palästina schickt, um Nachforschungen anzustellen.

Was die Mitglieder der King-Crane-Kommission Wilson berichteten, war überraschend: Neunzig Prozent der Bevölkerung Palästinas lehnten jegliche jüdische Einwanderung nach Palästina ab. Zitat aus dem Bericht der Kommission:

> Ein so entschlossenes Volk einer unbegrenzten Einwanderung und einem ständigen finanziellen und sozialen Druck auszusetzen, damit es sein Land abtritt, wäre ein eklatanter Verstoß gegen die eben genannten Grundsätze und die Rechte des Volkes, auch wenn es den Formen des Gesetzes entspricht , mit den bestmöglichen Absichten ist es fraglich, ob die Juden

Christen und Muslimen als angemessene Hüter der Heiligen Stätten oder als Hüter des Heiligen Landes als Ganzes erscheinen können.

Die Zionisten waren fest entschlossen, den Bericht zu begraben. Wilson beugte sich den Zionisten um ihn herum und kompromittierte seine Prinzipien, und ein falsches "Mandatssystem" ersetzte die Klausel der "Selbstbestimmung".

Unter der Aufsicht des Völkerbunds wird den Briten ein falsches "Mandat" für Palästina erteilt. Wilsons Glaube an die "rückständige" Natur der außereuropäischen Bevölkerungen überzeugte ihn davon, dass sie das Mandatssystem akzeptieren würden. Der Bericht der King-Crane-Kommission wurde beiseite geschoben und ließ den Imperialismus und Zionismus unter dem Deckmantel der Mandate triumphieren. Der Bericht der Kommission ist einfach verschwunden.

Er wurde weder in der *London Times* noch in der *New York Times* veröffentlicht und auch nicht zu den Geschäften des Parlaments und des Senats gegeben. Ich wiederhole: Sie ist schlichtweg verschwunden! Aber zum Glück für "das unveräußerliche Selbstbestimmungsrecht der Völker" wurde der Bericht in einer kleineren Publikation namens "Editor and Publisher" veröffentlicht. Wie und warum ist er "verschwunden"? Der Leser kann seine eigenen Schlüsse ziehen, die ziemlich offensichtlich sind.

> Als Richter Brandeis hörte, dass die britischen Beamten, die das Mandat verwalteten, die Juden nicht bevorzugten, machte er sich sofort mit seinem Biografen Dr. de Haas auf den Weg nach Palästina. Bei ihrer Ankunft im Heiligen Land stellten sie fest, dass die Berichte nur allzu wahr waren. Dr. de Haas schreibt, dass der britische Oberbefehlshaber und die militärischen und zivilen Helfer die Balfour-Erklärung als eine vergessene Episode des Krieges betrachteten. Der Richter des Obersten Gerichtshofs der USA wandte sich direkt an Balfour.

Eine zusätzliche Anmerkung: Ich betone, dass ein oberster US-Richter nach Palästina reiste, um einen britischen Beamten, einen Außenminister, nichts weniger als einen Außenminister, zu ermahnen, und verlangte, dass die palästinensische Verwaltung gerügt werden sollte! Wer hatte diesem nicht-amerikanischen Beamten, der die US-Regierung nicht repräsentierte, eine solche Autorität verliehen? Mit dieser arroganten Machtdemonstration schüchterte Brandeis all jene ein, die sich der zionistischen Palästinapolitik widersetzten.

> Wenige Stunden später erinnerte das britische Außenministerium die Militärbehörden in Ägypten und Palästina nicht nur an den verbalen Inhalt der Balfour-Erklärung, sondern auch daran, dass die Frage "chose-judiced", also hochaktuell, sei.
>
> Eine Reihe palästinensischer Beamter ersuchte um einen wünschenswerten Austausch, und Oberst Meinertzhagen, ein überzeugter Zionist, wurde nach Palästina entsandt. Es gab keine Proteste, keine politische Agitation. Brandeis' Diplomatie der direkten Aktion hatte Ergebnisse erzielt. (Dr. Jacob de Haas, Biograph von Richter Brandeis)

Wie zum Teufel kann eine Person, die keinen offiziellen Status in der Regierung, keine offizielle Position hat, nach Palästina und Großbritannien reisen und anfangen, Gehorsam von den Zionisten zu fordern? Vielleicht sollte ich umkehren und einige der Fäden verknüpfen.

Es ist eine Tatsache, dass, als Brandeis zu Balfour ging, dieser sofort Lord Nathan Rothschild kontaktierte, der anscheinend grünes Licht für die Maßnahmen gab, von denen Balfour ihm sagte, dass er sie ergreifen wolle. Meiner Meinung nach gibt es also eine eindeutige Verbindung zwischen dem Voranschreiten der zionistischen Pläne für Palästina und Lord Rothschild, was uns direkt zu Balfour und dann zu Brandeis zurückführt.

* Der Unmut der Araber schlägt 1929 in Gewalt um;

* Die Kontroverse zwischen Juden und Arabern über die Rechte an der Klagemauer des Herodes-Tempels entwickelt sich zu einem offenen Konflikt;

* Christliche Araber, die sich mit den Mohammedanern gegen die Juden verbünden.

> Eine britische Kommission berichtete, dass die Unruhen durch

die wachsende Angst der Araber vor einer wachsenden jüdischen Mehrheit und dem systematischen Landerwerb der Eindringlinge verursacht wurden. Die Kommission empfahl, die Einwanderung und den Erwerb von Land zu beschränken. Trotz des Aufschreis der Zionisten werden die Empfehlungen angenommen. Die britische Regierung veröffentlicht die Schlussfolgerungen im sogenannten Weißbuch am 20. Oktober 1930... Im November 1938 kündigte die britische Regierung an, dass sie den Teilungsvorschlag fallen lassen würde und versuchte, eine Verständigung zwischen Arabern und Zionisten zu fördern. Die Araber nahmen die verständliche Position ein, dass ihr Land ihnen gestohlen worden sei und dass die Verhandlungen dem Feilschen mit einem Dieb um die Rückgabe eines Teils Ihres Besitzes entsprächen.

Als sich Araber und Juden nicht einigen konnten, kündigten die Briten an, dass sie ihre eigene Lösung finden müssten. In ihrem Weißbuch vom 17. Mai 1939 wies sie ihre früheren Interpretationen der Balfour-Deklaration als gegen die britischen Verpflichtungen gegenüber den Arabern verstoßend zurück. Die britischen Staatsmänner erkannten die Ungerechtigkeit der Balfour-Erklärung gegenüber den Arabern wahrscheinlich erst, nachdem es zu spät war, etwas dagegen zu unternehmen. Das sogenannte MacDonald-Weißbuch von 1939 war ein scheinbar aufrichtiger Wunsch, den Fehler von 1917 zu korrigieren. In dem Versuch, Balfours Politik zu rationalisieren, bestand das Weißbuch darauf, dass die jüdische Heimat in Palästina bereits existiert hatte. Um keinen Zweifel an der zukünftigen Position Großbritanniens aufkommen zu lassen, erklärte das Weißbuch:

"Die Regierung Ihrer Majestät erklärt daher nunmehr unmissverständlich, dass es nicht Teil ihrer Politik ist, dass Palästina ein jüdischer Staat wird. Sie ist in der Tat der Ansicht, dass es gegen ihre Verpflichtungen gegenüber dem arabischen Volk im Rahmen des Mandats und gegen die dem arabischen Volk in der Vergangenheit gegebenen Zusicherungen verstoßen würde, wenn die arabische Bevölkerung Palästinas gegen ihren Willen Untertanen eines jüdischen Staates werden würde. Der Zorn der Juden kannte keine Grenzen. Die neue britische Politik in dieser Frage bedeutete eine Niederlage ihrer sorgfältig ausgearbeiteten Pläne, und sie hatten nicht vor, die Kontroverse mit dem Weißbuch enden zu lassen. Sie entfachten eine weltweite Schmähkampagne gegen die britische Regierung, die durch Propagandamaterial ergänzt wurde, das die Tatsachen völlig verdrehte. Da sie schließlich zu dem Schluss kamen, dass Großbritannien als Mandatsmacht ihnen niemals erlauben würde, einen jüdischen Staat in Palästina zu gründen, begannen die Juden eine Gewaltkampagne, um die Briten dazu zu bringen, ihr Weißbuch zu widerrufen oder das Mandat an die Vereinten Nationen abzutreten. "

Die von den Zionisten nach dem Vorbild einer regulären Armee organisierte Hagana wird mobilisiert und zum Schlag bereitgehalten. Zwei Terrorgruppen, die Irgun Zvei Leumi und die Stern-Gang, wüten gegen die britischen Mandatsbehörden und das Volk von Palästina. Die Terroristen folgen den Traditionen ihrer khasarischen Brüder in Polen und Russland und morden, bombardieren und plündern. (Olivia Maria O'Grady)

KAPITEL 18

Zionisten erobern Palästina

Sie Geschichte des zionistischen Übergriffs auf Palästina, der zu drei Kriegen, zahllosen Terrorakten und Unruhen und einer völligen Abwesenheit von Frieden führte, hat Palästina und den Nahen Osten heimgesucht und wird dies auch weiterhin tun, bis die Rechte aller Parteien mit Gerechtigkeit für alle anerkannt werden. Leider wurde der Fehler des Völkerbunds durch eine ebenso bastardische Schöpfung, die Vereinten Nationen, fortgesetzt.

Am 8. Juli 1919 kehrte Präsident Wilson, nachdem er die Befehle von Colonel House ausgeführt hatte, der sie von den Rothschilds erhalten hatte, nach Hause zurück.

Wenn Wilson erwartet hatte, als erobernder Held empfangen zu werden, hatte er sich gewaltig geirrt. Ein Hinweis darauf, dass Wilson unter der Kontrolle ausländischer Persönlichkeiten stand, lässt sich aus der Tatsache ableiten, dass er nicht ein einziges Mitglied der Legislative mit nach Paris genommen hatte, nicht einmal ein Mitglied seiner eigenen Demokratischen Partei.

Seine Berater waren größtenteils jüdische Wall-Street-Banker und internationale Sozialisten, die ebenfalls jüdisch waren. Einer der seltsamsten Aspekte seiner Reise nach Paris war, dass er und sein Gefolge von einer Reihe von nichtstaatlichen Wohltätern Schmuckgeschenke im Wert von über einer Million Dollar annahmen.

Der politische Sturm, der über den Präsidenten hereinbrach, als er dem US-Senat seinen Plan für eine einheitliche Weltregierung vorstellte, war mit nichts vergleichbar, was er zuvor erlebt hatte.

Höchstwahrscheinlich beeinflusst von der dominanten "Haltung" gegenüber Deutschland, die die Debatten in Paris bestimmt hatte, verlangte Wilson, dass der Senat den Vertrag genau so ratifizierte, wie er vorgelegt worden war, ohne wesentliche Änderungen und ohne Debatte.

Es handelte sich um eine erstaunliche Entwicklung in der US-Politik, die zuvor noch nie versucht worden war. Es ging um alles oder nichts, das ausschließlich auf den geheimen, hinter verschlossenen Türen abgehaltenen Sitzungen in Paris basierte (die deutsche Delegation blieb eine Woche lang im Hotel und nahm nicht daran teil). Wilson war nicht ohne Unterstützung für seine diktatorische Haltung, die von einem amerikanischen Mitglied der Fabian Society, Professor Shotwell, kam, der dem Senat mehr oder weniger sagte, dass er sich mit der Ratifizierung des Vertrags beeilen solle.

Shotwell war ein prominentes Mitglied der hochrangigen geheimen Parallelregierung der USA, dem Council on Foreign Relations (CFR). Senator Robert Owen, der zum Berichterstatter für das 1919 eigens geschaffene Federal Reserve Act ernannt worden war, leitete nun den Ausschuss, der dem Senat über den Völkerbundsvertrag Bericht erstattete.

Andere Personen, die Wilsons Vertrag unterstützten, waren Eugene Delano, Thomas J. Lamont und Jacob Schiff. Lamont war lange Zeit ein sozialistisch-kommunistischer Sympathisant der Fabian Society, und Schiff half später bei der Finanzierung des russisch-japanischen Krieges 1904-1905 und der bolschewistischen Revolution in Russland. Alle waren mit den Rothschilds verbunden oder angegliedert.

Insbesondere war Schiff ein Wall-Street-Banker, der seine Bankkarriere mit der finanziellen Unterstützung der Rothschilds begann, deren Schöpfung er war.

Am 19. März 1920 wurde der Vertrag von Versailles dem Senat zur Ratifizierung vorgelegt, doch von Anfang an entwickelten sich starke Einwände. Wilsons Forderungen, den Vertrag "unverändert" zu verabschieden, erzürnten viele Senatoren, die eine Reihe von Änderungen und Vorbehalten vorschlugen, die Wilson auf Anraten des im Auftrag der Rothschilds handelnden Colonel House nicht akzeptieren wollte. Am 19. November lehnte der Senat den Versailler Vertrag mit und ohne Vorbehalte ab, da er große Gefahren für die Souveränität der US-Verfassung und einen Versuch der Usurpation ihrer Macht sah. Die Abstimmung fiel mit 49-35 Stimmen aus.

Ausnahmsweise standen Colonel House und die Rothschilds auf der Seite der Verlierer. Wilson tat daraufhin etwas Außergewöhnliches: Er legte sein Veto gegen die gemeinsame Resolution des Kongresses ein, in der das Ende des Krieges mit Deutschland erklärt wurde! An dieser Stelle müssen wir noch einmal zurückblicken: Als der Erste Weltkrieg näher rückte und Wilson versuchte, Amerika in den Krieg zu verwickeln, wurden wütende Stimmen gegen Wilson und seine Regierung laut.

Tatsächlich sind 87% des amerikanischen Volkes gegen den Krieg, aber sie können sich nicht gegen die internationalen Sozialisten und ihre internationalen Bankiers durchsetzen. Die *Chicago Tribune* lehnt den Eintritt Amerikas kategorisch und vernichtend ab und erklärt, dass "Brandeis das Weiße Haus per Geheimtelefon leitet". Cyrus D. Eaton erklärte:

> Amerika hat sich durch den Eintritt in den Weltkrieg entehrt, während später (1925) Captain H. Spencer in seinem Buch *Democracy or Shylockcracy*,[4] ein Telegramm zitierte, in dem Sir William Wisemen, der britische Kontrolleur des MI6 von Präsident Wilson, sagte: "Brandeis hat Rothschild angerufen." Richter Dembitz Brandeis stand zweifellos unter der Kontrolle der Rothschilds. Noch lange nachdem der US-Senat die Ratifizierung des Versailler Vertrags verweigert hatte, waren laute Stimmen des Antiamerikanismus zu hören.

So sagte beispielsweise Paul Hymens, ehemaliger belgischer

---

[4] *Demokratie oder Usurokratie, wobei* Shylock der Name des jüdischen Wucherers in Shakespeares *Der Kaufmann von Venedig* ist, NDT.

Außenminister, Folgendes:

> "Amerika weigerte sich, den Vertrag zu ratifizieren und betrachtete den Mann, der nach Europa ging, um in seinem Namen zu handeln, als illegitim." (*The New York Evening Post*, 16. Juli 1925)

Das war insofern nichts Neues, als der Charakter von Präsident Wilson betroffen war. Während er alle ihm bekannten politischen Kräfte mobilisierte, um die Vereinigten Staaten unter dem intensiven Druck der Rothschilds über Colonel House in den Ersten Weltkrieg zu führen, hatte Wilson grob und gewaltsam gegen die Verfassung der Vereinigten Staaten verstoßen, als er im US-Kongress ein Gesetz durchpeitschte, das die Entsendung von Milizen der Einzelstaaten zum Kampf in Frankreich vorsah.

Dies bleibt meiner Meinung nach eine der schlimmsten Verletzungen der Verfassung der Vereinigten Staaten in der amerikanischen Geschichte; denn Wilson tat dies gegen die Verfassung, da er genau wusste, welchen schweren Fehler er unter Missachtung seines Amtseids beging.

Doch bevor ich die Einzelheiten von Wilsons entsetzlichem Verbrechen gegen das amerikanische Volk darlege und die Verbrechen gegen die Araber und Palästinenser beiseite lasse, möchte ich einige bislang unbekannte Fakten über den Mann nennen, der Wilsons Kontrolleur und Alter Ego war, Colonel Mandel House, einfach weil dieser geheimnisvolle und unheimliche Mann von den Hinterbühnen aus eine so große Rolle in der Geschichte der Vereinigten Staaten gespielt hat, plus die Tatsache, dass er ein enger Freund der Rothschilds war.

Edward Mandel House war der Sohn von Thomas William und Elizabeth (geborene Shearn). House wanderte 1837 in die USA ein und ließ sich in Texas nieder, wo er sich in der Baumwollindustrie engagierte und für und im Namen der Rothschilds ins Bankgeschäft einstieg.

House, der Älteste, fungierte stets als Vertrauensmann der Rothschilds. Edward studierte an der Cornell University und wurde Berater des Gouverneurs von Texas, ohne ein offizielles

Amt zu bekleiden - eine Karriere, die sich in der Wilson-Regierung wiederholte.

Der Staat Texas ernannte den jungen House zum Ehrenoberst, ein Titel, an dem er während seiner außergewöhnlichen Karriere festhielt. Es gibt keine Hinweise darauf, warum der Staat Texas Edward House seine Gunst erwies.

Anfang 1900 schickten die Rothschilds House nach Europa, um zu lernen, wie Banker die Politik und die Politiker kontrollieren. Nach seiner Rückkehr nach Amerika wird House zum Leuchtturm der demokratischen Politik, und er ist es, der Woodrow Wilson als Präsidentschaftskandidaten der Demokratischen Partei auswählt.

House war weitgehend verantwortlich für Wilsons Erfolg, die Wahlen zu gewinnen, und entwickelte dann seine Politik, insbesondere die Außenpolitik. Einige echte Autoritäten auf diesem Gebiet glauben, dass House die Aufträge der Rothschilds für die Gründung der Banken des Federal Reserve Systems vermittelte, obwohl die Verfassung der Vereinigten Staaten jede Gründung einer Zentralbank zur Kontrolle der Währung des Landes verbietet.

Man kann also mit Sicherheit sagen, dass House 25 schicksalhafte Jahre leitete, die das Gesicht der Vereinigten Staaten für immer veränderten und zu einer gesetzlosen Bundesregierung führten, die in wenigen Jahren zerstörte, was die Gründerväter und die nachfolgende Generation fast 200 Jahre lang aufgebaut hatten.

Wilson war der erste Präsident der Vereinigten Staaten, der de facto den Status des Kaisers dessen annahm, was später das Imperium der Vereinigten Staaten von Amerika werden sollte, die treibende Kraft und der Anführer einer neuen Weltordnung im Rahmen einer einzigen internationalen sozialistischen Regierung.

KAPITEL 19

Die Rothschilds gründen eine Zentralbank in Amerika

In Europa fanden unter der Herrschaft der Rothschild-Dynastie tief greifende Veränderungen statt, von denen die wichtigsten vielleicht:

* Der Aufstieg Napoleons Ier als von den Rothschilds auserwählter Agent, um die Monarchen Europas zu stürzen;

* Der Sturz der Romanow-Dynastie und die Zerstörung des christlichen Russlands in den Händen der bolschewistischen Kommunisten;

* Der anglo-boarische Völkermordkrieg, ein sehr wichtiger Krieg an der Wende vom 19. zum 20. Jahrhundert, der zum Teil verschwiegen wurde.

Ich glaube, dass diese tiefgreifendsten Veränderungen ohne die lenkende Hand der Rothschild-Dynastie und den Einsatz ihrer umfangreichen finanziellen Ressourcen zu diesem Zweck nicht möglich gewesen wären und auch nicht stattgefunden hätten.

Bevor ich auf die Ereignisse im vorbolschewistischen Russland eingehe, werde ich auf die Geschichte eingehen, wie es zur Intervention der Rothschilds in Südafrika kam, um die größten Gold- und Diamantenfelder der Welt zu sichern, was schließlich zum Anglo-Boarischen Krieg von 1899-1903 führte.

In den 1830er Jahren zogen die Farmer aus Kapstadt (bekannt als Buren) in das weite, unbewohnte Hinterland in das, was später zum Großen Treck wurde. Sie waren irritiert über die britische Einmischung in ihr Leben, insbesondere über die Befreiung der

Sklaven. Sie überwanden große Schwierigkeiten, indem sie Tausende von Kilometern in Ochsenkarren zurücklegten, oft über zerklüftete Berge, und siedelten sich im trockenen Land der späteren Oranje-Freistaatsrepubliken und Transvaal an.

Als riesige Diamanten- und Goldfunde gemacht wurden, wurde das Ödland sofort von den Rothschilds begehrt, die mit Cecil John Rhodes einen Agenten schickten, um in ihrem Namen Besitz und Kontrolle zu beanspruchen. 1898 bat Rhodes, der Agent der Rothschilds in Südafrika, Lord Rothschild darum, die französischen Anteile an den Diamantenminen aufzukaufen, und ebnete damit den Weg für eine vollständige Kontrolle durch die Rothschilds.

Die britische Regierung "annektierte" ein Gebiet des Oranje-Freistaats, das als Griqualand West bekannt war (der Ort der Diamantenfunde), und drei Jahre später annektierte sie Transvaal, obwohl sie in beiden Fällen keinen legalen oder legitimen Anspruch auf das Gebiet hatte - eine Taktik, die sie 1917 in Palästina wieder anwenden sollte. (Vgl. Die Balfour-Erklärung)

Cecil Rhodes war der Hauptanstifter des Burenkrieges. Die fabelhaften Goldfelder mit ihren reichen Adern, die sich über 200 Meilen von Ost nach West erstreckten, waren eine funkelnde Beute, die die Rothschilds unbedingt erwerben wollten. Die Reibereien mit Großbritannien wurden endemisch, da die Buren sich weigerten, Königin Victorias fingierte Ansprüche auf den Oranje-Freistaat und die Transvaal-Republiken anzuerkennen.

Der Überfall von 600 bewaffneten Männern unter dem Befehl von Starr Jameson mit dem Ziel, die Burenregierung von Präsident Paul Kruger zu stürzen, war eine klare Provokation.

Dies war ein Vorspiel zum Anglo-Boarischen Krieg, der 1899 ausbrach, nachdem Rhodes' Machenschaften gescheitert waren, um die von der britischen Regierung gewünschten Ziele zu erreichen, die Gold- und Diamantenfelder in Besitz zu nehmen.

Die Buren stammten von holländischen, irischen, schottischen, englischen und deutschen Stämmen ab. Sie waren an den südlichsten Punkt Afrikas ausgewandert, der als "Kap" bekannt ist, wo die Holländer und später die Briten eine Tankstelle errichteten, um ihre Schiffe, die zwischen dem Fernen Osten und Europa Handel trieben, mit Treibstoff, Lebensmitteln und Süßwasser zu versorgen. An dem Ort, der später als Kapstadt bekannt wurde, entstand unter der niederländischen Herrschaft eine blühende unabhängige Gemeinschaft.

Zu dieser Zeit gab es in Afrika südlich des Sambesi-Flusses keine Schwarzen (Bantu) in dem weiten, leeren Hinterland zwischen Kapstadt und dem Sambesi-Fluss im Norden. Nur einige nomadische "Hottentotten" - ein mongolisch geprägtes Nicht-Bantu-Volk - lebten entlang der Küste von Kapstadt und verdienten sich ein unsicheres Leben, indem sie die Strände absuchten und Müll machten. Bald wurden sie zu Arbeitern in den Gemüsegärten der Niederländischen Ostindien-Kompanie. Doch die Briten fielen in die Kapkolonie ein und bauten eine eigene Verwaltung unter der Leitung der British East India Corporation (BEIC), einer Opiumhandelsgesellschaft mit Sitz in London, auf.

Aus diesem wenig vielversprechenden Anfang entstand eine blühende und lebhafte Gemeinde, in der die Niederländer integriert waren. Nach der britischen Invasion begann die BEIC in London, sich ernsthaft in die internen Angelegenheiten der niederländischen Gemeinschaft einzumischen.

Die Holländer, die als "Buren" (Bauern) bezeichnet wurden, begannen daraufhin, einen Plan zu organisieren, um Kapstadt zu verlassen, und "trekkten" (reisten) in die weiten, unbewohnten Ebenen des Nordens. Nach dieser langen Reise kamen die Buren an und ließen sich in dem unbewohnten Land nieder, das sie Republik des Oranje-Freistaats und Republik Transvaal nannten. Ich möchte betonen, dass es in den Tausenden Quadratkilometern Land, die die Buren durchquert hatten, keine Bantu-Rassen gab, die nördlich des Sambesi lebten. Im Gegensatz zur populären Geschichte haben die Buren Transvaal und den Oranje-Freistaat nicht von den Bantus weggenommen.

Die Entdeckung des reichsten Goldvorkommens aller Zeiten

brachte Rhodos auf den Plan, und von da an begann Königin Victoria, ihren unbegründeten Anspruch auf die neuen Republiken zu bekräftigen. Der Krieg war unvermeidlich, nachdem Victoria die Friedensvorschläge des gläubigen Paul Kruger zurückgewiesen hatte.

Königin Victoria war entschlossen, in den Krieg zu ziehen, und 1899 entsandte die britische Regierung die ersten Truppenkontingente, die bis 1901 auf die erstaunliche Zahl von 400 000 Mann anwuchsen, um eine Guerillatruppe zu besiegen, die zu keinem Zeitpunkt mehr als 80 000 Mann auf dem Feld hatte, von denen viele nicht älter als 14 Jahre und bis zu 75 Jahre alt waren.

Der epische Kampf der Buren sollte als Vorbild für alle Länder dienen, die von großen, tyrannischen Regierungen bedroht werden. Fast drei Jahre lang kämpften die Bauernsoldaten gegen die stolze britische Armee und besiegten sie.

Die Buren waren erst bereit, die Kämpfe zu beenden, nachdem 27 000 ihrer Frauen und Kinder in unmenschlichen Konzentrationslagern gestorben waren, die von Lord Kitchener und Alfred Milner, einem Diener der Rothschilds, errichtet worden waren. Nachdem ihr Vieh geschlachtet, ihre Farmen niedergebrannt und ihre Frauen und Kinder aufgrund der völkermörderischen Politik Lord Milners zu Tausenden gestorben waren, wurden die Buren-Krieger gezwungen, von den Feldern zurückzukehren und die Waffen niederzulegen.

Während des gesamten Kampfes hielt Rhodes seine Herren, die Rothschilds, vollständig auf dem Laufenden und führte ihre Anweisungen buchstabengetreu aus. Auch heute noch kontrolliert N. M. Rothschild den Goldhandel von London aus. Rhodes operierte zu einer Zeit, als das Britische Empire die stärkste politische, wirtschaftliche und militärische Kraft der Welt war. Die Buren hatten jedoch keine Angst, das Empire in einem Krieg anzugreifen, von dem sie wussten, dass sie ihn nicht gewinnen konnten, den sie jedoch mit erstaunlichem Mut, Entschlossenheit und Tapferkeit führten.

Das Britische Empire war wie das persische, assyrische, babylonische und römische Reich auf zwei Säulen aufgebaut: die Beraubung ihrer "Herrschaftsgebiete" um ihr Eigentum und die Verwendung der virtuellen Sklaverei der Einwohner, um diese Aufgabe zu erfüllen.

Die "adligen" Familien Englands gehen auf den venezianischen und genuesischen schwarzen Adel und die großen Bankiersfamilien dieser Stadtstaaten zurück. Sie waren die Meister der Propaganda und verloren nie den Überblick, was ihre wirksamste Waffe während des Burenkriegs und des Ersten und Zweiten Weltkriegs war. Hinter der Regierung standen die Bankfamilien, von denen die Rothschild-Banken die mächtigsten und einflussreichsten waren. Einige Historiker haben den Glauben aufrechterhalten, dass das Vermögen, das sie aus Südafrika erhielten, "die Rothschilds reich gemacht" habe.

Das ist eine Behauptung, mit der ich nicht einverstanden bin. Die Rothschilds waren jenseits aller Vorstellungen reich, lange bevor ihr Agent Cecil John Rhodes, ein Meister der Täuschung und List, ein Mann, der das Christentum hasste, die Gold- und Diamantenschätze Südafrikas zum Monopol der Rothschilds machte. Aus den Dokumenten und Papieren, die ich im British Museum in London studiert habe, geht hervor, dass kurz vor Mayer Amschels Tod sein Vermögen das kombinierte Vermögen der reichsten Männer der Welt übertraf.

Das gesamte Ausmaß des Vermögens der Rothschilds wurde nie enthüllt, aber was wir wissen, ist, dass es in einem astronomischen Tempo gewachsen ist.

Amschel wusste um die Macht des Geldes, und wie der alte John D. Rockefeller, der seine Philosophie der Geheimhaltung übernahm, wusste Mayer, dass Geheimhaltung für den Erfolg von größter Bedeutung ist. Seine religiöse Überzeugung, dass die Juden Gottes auserwähltes Volk sind, war nie geschwächt, und er zeigte seine Überzeugung bei jeder Gelegenheit, ob öffentlich oder privat. Um eine Vorstellung vom Reichtum der Rothschilds zu vermitteln, liefere ich Folgendes:

Sein Sohn Lionel war der Freund und Berater des Prinzgemahls

> und Disraelis, dessen Sidonia in dem Buch *Coningsby* ein idealisiertes (kaum verdecktes) Porträt von ihm ist...
>
> Er setzte das Behindertengesetz durch, das es Juden ermöglichte, Posten in England zu besetzen. Er streckte der britischen Regierung das Geld für den Kredit für die irische Hungersnot (ca. 40.000.000 $) und auch für den Krimkrieg (ca. 80.000.000 $) vor und vierundzwanzig Jahre lang agierte er als Agent für die russische Regierung.
>
> Er hatte einen großen Anteil an der erfolgreichen Finanzierung der Staatsschulden der Vereinigten Staaten, stellte die Mittel für den sofortigen Kauf der Aktien des Suezkanals bereit; er war auch aktiv, um die Zahlung der französischen Entschädigung an Deutschland zu erleichtern; um die Finanzen des österreichischen Kaiserreichs und den ägyptischen Kredit von 8.500.000 Pfund (ca. 40.000.000 $) zu leiten. (*Die jüdische Enzyklopädie*, Bd. 10, Seiten 501-502)

Das Vermögen von Jacob (James) Rothschild, das unabhängig von Lionel oder einem anderen Familienmitglied war, wurde von Historikern zum Zeitpunkt seines Todes auf 200 Milliarden US-Dollar geschätzt, so der Autor Armstrong, der schrieb:

> "Aber das war nur eine Schätzung, da kein Inventar seines Nachlasses hinterlegt wurde."

Dies entsprach natürlich einem der von Amschel aufgestellten Grundsätze, dass die Geheimhaltung gewahrt werden sollte. Vor allem aber waren die Rothschilds immer an der Finanzierung von Kriegen beteiligt.

Hymym Solomon (auch bekannt als Haim) war an der Finanzierung der Amerikanischen Revolution beteiligt. Seligman Brothers und Speyer and Company finanzierten während des Bürgerkriegs den Norden und Messrs Erlanger den Süden. In jüngerer Zeit, in der großen Entwicklung der Eisenbahnfinanzierung, spielte die Firma Kuhn, Loeb and Company eine führende Rolle.

Auch wenn er es nicht mit so vielen Worten sagt, ist es für jeden, der sich ein wenig mit den Banken der damaligen Zeit auskennt, klar, dass die Rothschilds sowohl den Norden als auch den Süden über Männer und Scheinbanken finanzierten. Es gab verschiedene Schätzungen des Reichtums der Rothschilds, und einer, der es vielleicht besser wusste als andere, Graf Cherep-Spiridowitsch, schätzte, dass sie allein mit dem Ersten Weltkrieg 100 Milliarden Dollar verdient haben.

Der Historiker John Reeves gibt in *The Rothschilds: Financial Controllers of Nations* (*Die Rothschilds: Finanzkontrolleure der Nationen*) einen guten Überblick über die Errungenschaften der Rothschilds:

> Mayer konnte nicht vorhersehen, dass seine Söhne in den folgenden Jahren zu einem so unbegrenzten Einfluss gelangen würden, dass der Frieden der Nationen von ihrem Nicken abhängen würde; dass die mächtige Kontrolle, die sie über die europäischen Geldmärkte ausübten, es ihnen ermöglichen würde, sich als Schiedsrichter über Frieden und Krieg aufzuspielen, da sie nach eigenem Ermessen die für einen militärischen Feldzug erforderlichen Geldmittel bereitstellen oder verweigern konnten.
>
> Doch so unglaublich es auch klingen mag, genau das ermöglichte ihnen ihr großer Einfluss in Verbindung mit ihrem enormen Reichtum und ihrem unbegrenzten Kredit, denn es gab kein Unternehmen, das stark genug war, sich ihnen für eine gewisse Zeit entgegenzustellen, oder das waghalsig genug war, ein Geschäft zu übernehmen, das die Rothschilds abgelehnt hatten.

Eine kurze Erläuterung: Es kam vor, dass die Rothschilds ein Angebot ablehnten, obwohl es gesund war, einfach um eine bestimmte Nation oder Gesellschaft für ein eingebildetes oder tatsächliches Vergehen zu bestrafen. Hätten andere Banker das angenommen, was die Rothschilds ablehnten, wäre ihre Bestrafung schnell erfolgt.

KAPITEL 20

Die Verfassung der Vereinigten Staaten wird von korrupten Gesetzgebern im Auftrag der Rothschilds mit Füßen getreten

Ich habe mir oft die Frage gestellt:

> "Wie konnten die Vereinigten Staaten mit ihrer Verfassung, dem höchsten Gesetz des Landes, das eine Zentralbank verbietet, dazu kommen, eine solche Institution zu haben, die völlig gegen die Verfassung verstößt? "

Um diese Frage zu beantworten, bräuchte man Tausende von Seiten an Erklärungen, aber in der folgenden kurzen Darstellung werde ich versuchen, einen Hinweis darauf zu geben, wie die Banken der Federal Reserve dem amerikanischen Volk aufgezwungen wurden.

Erstens ist die Federal Reserve Bank nicht "bundesstaatlich", da sie sich im Besitz von anonymen Aktionären und nicht der US-Regierung befindet. Im Klartext: Sie ist eine Privatbank, die sich als Institution der Bundesregierung ausgibt.

Als solche ist sie dem amerikanischen Volk gegenüber nicht rechenschaftspflichtig, was sich daran zeigt, dass sie nie von staatlichen Rechnungsprüfern geprüft wurde, wie es das Gesetz vorschreibt, wenn sie eine Staatsbank wäre. Der großartige Louis T. McFadden, Vorsitzender des Bankenausschusses des Repräsentantenhauses, erklärte einmal im Repräsentantenhaus:

> "... Das Bankensystem der Federal Reserve ist der größte Betrug in der Geschichte, ein Betrug am amerikanischen Volk. "

Am Freitag, dem 10. Juni 1932, erklärte der mutige McFadden während einer Debatte im Repräsentantenhaus über die Federal Reserve Bank:

"Herr Präsident, wir haben in diesem Land eine der korruptesten Institutionen, die die Welt je gesehen hat. Ich beziehe mich auf den Federal Reserve Board und die Banken der Federal Reserve. Der Federal Reserve Board, ein Regierungsgremium, hat die Regierung der Vereinigten Staaten und das Volk der Vereinigten Staaten um genügend Geld betrogen, um die Staatsschulden zu begleichen. Die Schandtaten und Ungerechtigkeiten des Federal Reserve Board und der Federal Reserve Banks, die zusammen agieren, haben das Land genug Geld gekostet, um die Staatsschulden mehrfach zu bezahlen.

Diese bösartige Institution hat das Volk der Vereinigten Staaten verarmt und ruiniert, sich selbst ruiniert und unsere Regierung praktisch in den Ruin getrieben. Sie tat dies wegen der Mängel des Gesetzes, unter dem sie operiert, wegen der schlechten Verwaltung dieses Gesetzes durch den Federal Reserve Board und wegen der korrupten Praktiken der reichen Geier, die sie kontrollieren. Manche Menschen glauben, dass die Banken der Federal Reserve Institutionen der US-Regierung sind. Sie sind aber keine Regierungsinstitutionen. Sie sind private Kreditmonopole, die das Volk der Vereinigten Staaten zu ihrem eigenen Vorteil und dem ihrer ausländischen Kunden angreifen; ausländische und inländische Spekulanten und Betrüger; und reiche, räuberische Geldverleiher. In dieser düsteren Crew von Finanzpiraten gibt es diejenigen, die einem Mann die Kehle durchschneiden würden, um einen Dollar aus seiner Tasche zu bekommen...

Die 12 privaten Kreditmonopole wurden diesem Land auf irreführende und unfaire Weise von Bankern aus Europa aufgezwungen, die sich für unsere Gastfreundschaft bedankten, indem sie unsere US-amerikanischen Institutionen untergruben. Diese Banker haben Geld aus diesem Land abgezogen, um einen Krieg gegen Russland zu finanzieren. Sie errichteten mit unserem Geld eine Schreckensherrschaft in Russland... Sie finanzierten Trotzkis Massenversammlungen der Unzufriedenheit und Rebellion in New York. Sie bezahlten Trotzkis Überfahrt von New York nach Russland, damit er bei der Zerstörung des russischen Imperiums helfen konnte. Sie schürten und stachelten die russische Revolution an und stellten Trotzki in einer ihrer Banken in Schweden einen großen Fonds an US-Dollar zur Verfügung. Es wurde gesagt, dass Präsident Wilson durch die Aufmerksamkeiten dieser Bankiers und die philanthropischen Posen, die sie einnahmen, getäuscht wurde. Es wurde gesagt, dass er sich, als er herausfand, wie er von Colonel House getäuscht worden war, gegen diesen Schnüffler, diesen "heiligen Mönch" des Finanzimperiums, wandte und ihm die Tür zeigte. Er hatte die Eleganz, dies zu tun, und meiner Meinung nach verdient er dafür große Anerkennung.

1912 erstellte die National Monetary Association unter dem Vorsitz des verstorbenen Senators Nelson Aldrich einen Bericht und brachte eine bösartige Gesetzesvorlage mit dem Namen National Reserve Association bill ein. Dieser Gesetzentwurf wird allgemein als Aldrich Bill bezeichnet.

Er war das Instrument, aber nicht der Komplize der Bankiers europäischer Herkunft, die seit fast 20 Jahren Pläne schmiedeten, um in diesem Land eine Zentralbank zu gründen, und die bis 1912 enorme Geldsummen ausgegeben hatten und weiterhin ausgaben, um ihr Ziel zu erreichen.

... Unter der Aufsicht dieser finsteren Gestalten von der Wall Street, die hinter Colonel House standen, wurde hier in unserem freien Land die wurmstichige monarchische Institution der "Bank des Königs" errichtet, um uns von oben bis unten zu kontrollieren und uns von der Wiege bis zur Bahre in Ketten zu legen. Der Federal Reserve Act hat unsere alte und charakteristische Art, Geschäfte zu machen, zerstört...

Er hat diesem Land genau die Tyrannei aufgezwungen, vor der uns die Verfasser der Verfassung zu retten suchten.

Die Gefahr, vor der das Land gewarnt wurde, ist eingetreten und manifestiert sich in der langen Reihe von Schrecken, die mit den Geschäften des Federal Reserve Board und der verräterischen und unehrlichen Federal Reserve Banks einhergehen... Die Aldrich Bill wurde von Bankern europäischer Herkunft in New York erstellt. Es war eine Kopie und im Allgemeinen eine Übersetzung der Reichsbank und anderer europäischer Zentralbanken". (Namentlich die Bank of England)

(Auszug aus dem Archiv des Repräsentantenhauses, Rede des Abgeordneten Louis T. McFadden)

Am Donnerstag, dem 15. Juni 1933, ging McFadden erneut auf die Straße, um gegen die Auferlegung einer Zentralbank für Amerika zu kämpfen, die einen eklatanten Verstoß gegen die Verfassung der Vereinigten Staaten darstellt. In seiner Rede vor dem Repräsentantenhaus beschwerte sich McFadden über ausländische Bankiers, die das Geld und den Kredit des amerikanischen Volkes an sich reißen, und konzentrierte sich dabei auf Jacob Schiff, der seiner Meinung nach ein Agent der Rothschilds sei:

> Er griff auch Herrn Mayer an, der der Schwager von Herrn George Blumenthal ist, der Mitglied der Firma J. P. Morgan und Co. ist, die, wenn ich es richtig verstanden habe, die Interessen der Rothschilds vertritt... Ich möchte, dass vollkommen klar ist, dass Sie, indem Sie Herrn Mayer an die Spitze des Federal Reserve Systems setzen, dieses vollständig dieser internationalen Finanzgruppe übergeben.

Wie wurden die Vereinigten Staaten in die Sklaverei des Federal Reserve Bank-Systems gezwungen? Die Antwort ist wirklich sehr einfach:

Dies geschah dank der Finanzkraft der Rothschilds und einer Gruppe von Verrätern im US-Haus und im Senat, die bereit waren, ihre Seele im Austausch für ein Leben in Wohlstand und Bequemlichkeit zu verkaufen. Solche Männer sind in jedem Land zu finden und es gibt keine Möglichkeit, sich gegen ihren Verrat zu schützen. Ihre schändlichen Taten fahren weiterhin eine bittere Ernte ein. Weil er es wagte, die Wahrheit darüber zu enthüllen, wie August Belmont in die Vereinigten Staaten gelangte, nur um die Kontrolle über Politiker zu erlangen, die es den Rothschilds ermöglichen würden, die Kontrolle über die Währung und das Kreditwesen der Vereinigten Staaten durchzusetzen, wurde McFadden ermordet.

Es gab drei Mordversuche, einen erfolglosen Schussversuch und zwei Vergiftungsversuche, von denen der letzte diesen großen und mutigen Amerikaner tötete. Seine Mörder wurden nie gefunden und es muss noch immer für Gerechtigkeit gesorgt werden.

Auf diese Weise wurde ein großer amerikanischer christlicher Patriot zum Schweigen gebracht, ein unsäglicher krimineller Akt begangen und dem amerikanischen Volk die Finanzsklaverei aufgezwungen. Solange die gewählten Vertreter des Volkes im Haus und im Senat der Vereinigten Staaten ihren Eid einhalten, Amerika zu bewahren und vor den Verwüstungen der internationalen Bankiers zu schützen, die den Angriff des internationalen Sozialismus auf die Verfassung anführen, werden die Segnungen der Freiheit dem amerikanischen Volk gehören.

Wenn sich unsere Vertreter jedoch vor der Währungsmacht der internationalen Bankiers verbeugen und sich auf dem Altar der Währungsmacht der Rothschilds prostituieren, ist die Zeit für uns, das Volk, gekommen, unsere Freiheit und die von der Verfassung garantierten Rechte zu verlieren.

Der Federal Reserve Act war ein Schlag gegen die Verfassung, ein weiterer Nagel in den Sarg eines einst freien amerikanischen Volkes. Der Federal Reserve Act war ein Fortschritt auf einem Weg, der mit der völligen Zerstörung der Verfassung enden wird. Einer der Diener der Rothschilds, Lord Bryce, sagte, dass es fünfzig Jahre dauern würde, um die republikanische Regierungsform zu zerstören, die dem amerikanischen Volk durch seine Verfassung garantiert wurde. Lord Bryce sagte voraus, dass:

> Die Sicherheit, die der Schutz der Verfassung bietet, wird wie der Morgennebel verschwinden.

Es handelt sich um denselben Lord Bryce, der durch falsche Zeugenaussagen schamlose Lügen über die von den Deutschen in Belgien begangenen Gräueltaten veröffentlichte, wodurch die USA in den Ersten Weltkrieg hineingezogen wurden.

Nachdem die Rothschilds die Kontrolle über die wichtigsten Banken Europas übernommen hatten und zu den Kreditgebern erster Wahl für alle Regierungen des Kontinents und Englands geworden waren, übernahmen sie anschließend auch die Kontrolle über die Bank von England. Um diese Tatsache zu verbergen, wurde verfügt, dass die Namen der Aktionäre der Bank niemals öffentlich gemacht werden durften:

Diese Macht ermöglichte die Einführung des Goldstandards, zunächst im Britischen Empire und später wie angegeben auch in anderen Ländern. Sie erwarben eine Mehrheitsbeteiligung an der Bank von England, deren verstorbener Lord Rothschild als Agent und Goldgouverneur fungierte.

Die Bank of England ist nur eine ihrer vielen Fassaden. Es besteht kein Zweifel daran, dass sie an den meisten anderen zentralen Notenbanken eine Mehrheitsbeteiligung halten. In strikter Einhaltung der Geheimhaltung, die von Anfang an eines der Kardinalprinzipien der Rothschild-Führer war, weigert sich die Bank of England, ihre Aktionäre zu offenbaren.

Sie [die Rothschilds] schickten einen ihrer Agenten, Paul Warburg, als Vertreter nach Amerika, kurz vor dem Ersten Weltkrieg, um unsere Bankensysteme zu verändern.

Durch ihren Besitz und ihre Kontrolle über die Privatbanken J. P. Morgan and Co. und Kuhn, Loeb and Co. besaßen und kontrollierten sie die wichtigsten Nationalbanken und Treuhandgesellschaften New Yorks , und über diese kontrollierten sie das New Yorker Bundessystem... Um die Ausweitung und Kontraktion des Kredits nach Belieben zu kontrollieren, ist es von entscheidender Bedeutung, dass es eine oberste Autorität gibt, die die Macht hat, die Menge des im Umlauf befindlichen Geldes nach Belieben zu erhöhen oder zu verringern.

Vor dem Rothschild-Regime gehörte diese Macht den Königen und Kaisern der Welt, da sie damals die höchste Autorität waren. In unserem Land (den Vereinigten Staaten) hat unsere nationale Verfassung diese Macht (nur) dem Kongress der Vereinigten Staaten übertragen... Unter dem Einfluss der Rothschilds wurden die Bankensysteme der ganzen Welt allesamt radikal verändert. Die oberste Macht, Geld auszugeben sowie Kredite zu gewähren, wurde von den verschiedenen Regierungen an die Bankiers ihrer jeweiligen Länder übertragen. Die Bank of England wurde zum Vorbild für die anderen Zentralbanken der Welt. Als das Federal Reserve System eingerichtet wurde, war unsere Regierung die einzige Regierung von einiger Bedeutung, die sogar den Anspruch erhob, ihr souveränes Recht auszuüben, Geld auszugeben und die Menge des umlaufenden Geldes zu kontrollieren. Die Einrichtung des Federal Reserve Systems bedeutete, dass die souveräne Macht des amerikanischen Volkes, Werte durch seine Vertreter im Kongress zu regulieren, wie sie ihm durch seine nationale Verfassung garantiert wird, vollständig an die Bankenbruderschaft abgegeben wurde.

Die Panik von 1907 war, wie alle unsere anderen Paniken, eine manipulierte Panik. Sie wurde dadurch ausgelöst, dass sich die New Yorker Reservebank weigerte, den Einlegern der Landbanken Devisen auszuzahlen, wodurch diese Banken gezwungen waren, ihren Einlegern die Auszahlung von Devisen zu verweigern. Sie war also hauptsächlich auf eine unzureichende Menge an im Umlauf befindlichem Geld und eine ungeeignete Methode zur Erhöhung des Angebots zurückzuführen.

Mitten in der Kampagne für eine Reform unseres Banken- und Währungssystems (um weitere panikträchtige Manipulationen zu verhindern) verließ der deutsche Jude Paul Warburg Frankfurt am Main, den Ursprungsort der Rothschilds, und kam nach Amerika. Als er hier ankam, war er zu diesem Zeitpunkt Mitglied von Kuhn, Loeb and Company in New York, dem amerikanischen Zweig der Rothschilds.

Hier ein Bericht des Marinegeheimdienstes über ihn im Dezember 1918:

> "Warburg, Paul, New York City, deutsch; wurde 1911 amerikanischer Staatsbürger, wurde vom Kaiser ausgezeichnet; war Vizepräsident der US-Notenbank, ist ein reicher und einflussreicher Banker; hat große Geldsummen verwaltet, die von Deutschland für Lenin und Trotzki bereitgestellt wurden; die Person hat einen Bruder, der das Spionagesystem Deutschlands leitet. "

> Das Federal Reserve System ist ein Produkt der Rothschilds und seine Annahme wurde auf die gleiche unterirdische und irreführende Weise erreicht, die sie immer anwenden, um ihre Ziele zu erreichen. Es ist offensichtlich, dass Paul Warburg nach Amerika kam, um unser Banken- und Währungssystem zu reformieren, und es ist offensichtlich, dass er und die Rothschilds damals den Weltkrieg [den Ersten Weltkrieg 1914-

1918] vorweggenommen haben, obwohl er erst drei Jahre später stattfand.

Dies ist die schäbige Geschichte der größten Katastrophe, die das amerikanische Volk je getroffen hat. Damals überließen wir Jeroboam Rothschild und seinen Nachfolgern die vollständige Herrschaft über unser Wohlergehen und unser Glück. Zuvor wurde ein großer Einfluss durch seine Banken Morgan und Co. sowie Kuhn, Loeb und Co. und deren Tochtergesellschaften ausgeübt, doch nun ist seine Autorität überragend und unbegrenzt. Diese Kapitulation hat seine Kontrolle über die Wirtschaft aller Völker der Welt perfektioniert.

(Emmanuel Josephson, *Rothschild Money Trust*, Seiten 36, 40, 41, 132 134 und 1600)

KAPITEL 21

Die Rothschilds durchkreuzen die amerikanische Verfassung

Das so erstaunlich an der kühnen Veruntreuung des Kredits und der Geldmenge der Vereinigten Staaten durch die Rothschilds ist, ist, dass sie trotz der strengen Bestimmungen der Verfassung der Vereinigten Staaten, die die Gründung einer Zentralbank verbieten, vollzogen wurde.

Die Worte Jesu Christi bei seiner Kreuzigung erinnern uns daran, dass er sagte: "Vater, vergib ihnen, denn sie wissen nicht, was sie tun." Diese Bitte um Vergebung war für und im Namen der römischen Soldaten und nicht für den Sanhedrin, der seine Hinrichtung gefordert hatte.

Das sagen wir über jene Mitglieder des US-Kongresses, die nicht wussten, was vor sich ging, die den gigantischen Betrug, dem sie zum Opfer fielen, nicht verstanden und, was noch schlimmer ist, die Verfassung ignorierten, auf deren Einhaltung sie geschworen hatten:

> "Vater, vergib ihnen, denn sie wissen nicht, was sie getan haben."

Aber für die Verräter, Täuscher und Lügner, die wussten, was sie taten, sage ich, dass der Tod durch Erhängen wegen Hochverrats, wie von den Verfassern der Verfassung vorgeschlagen, ein viel zu mildes Schicksal für sie gewesen wäre.

Einige Experten aus der damaligen Zeit fragten sich, warum das Gesetz über die Bundesreserve zu dem Zeitpunkt eingebracht wurde, als es eingebracht wurde.

Zwei Gründe fallen mir dazu ein. Mit einem gefügigen sozialistischen Präsidenten im Weißen Haus wussten die Architekten der Federal Reserve, dass der Krieg unmittelbar bevorstand. Daher war es von entscheidender Bedeutung, dass die Zentralbank vor Beginn der Feindseligkeiten ihre Arbeit aufnehmen konnte.

Die spätere Geschichte hat gezeigt, dass das Federal Reserve Act rechtzeitig verabschiedet wurde, um den bevorstehenden Krieg zu ermöglichen. Ohne die massive Finanzierung, die von den USA bereitgestellt wurde, gäbe es allen Grund zu der Annahme, dass der Erste Weltkrieg nicht ausgebrochen wäre.

Der zweite Grund ist natürlich der offensichtlichste: Die vollständige Kontrolle über die Banken und Finanzen der Vereinigten Staaten.

Die Verabschiedung des illegalen und verfassungswidrigen Federal Reserve Act ermöglichte es den Rothschilds, durch Wilsons Verrat die Vereinigten Staaten in den Ersten Weltkrieg zu ziehen, in dem Millionen junger christlicher Männer, die Blüte der europäischen und amerikanischen Nationen, starben und der die Vereinigten Staaten Billionen Dollar kostete.

Die Verräter wurden nie bestraft, und Amerika leidet bis heute unter den Folgen dieses schrecklichen Krieges und des darauf folgenden Krieges sowie unter der Kontrolle der Rothschilds über ein angeblich "freies" Amerika, aus dem sie weiterhin obszöne Profite ziehen.

Jede wirkliche Freiheit für das amerikanische Volk endete an dem Tag, an dem die Rothschilds die Kontrolle über Amerikas Währung, Kredit und Wirtschaft übernahmen, indem sie die Banken der Federal Reserve gründeten. Wenn man die Macht der Rothschilds betrachtet, ihr Bankensystem im Herzen der amerikanischen Republik etablieren zu können, erinnert man sich an den folgenden Vers: Von welchem Fleisch ernährt sich unser Cäsar, dass er so groß geworden ist?

Es ist die Geschichte dieses "Fleisches", die ich in diesem Buch zu erzählen versucht habe und die vielleicht ein wenig das

Geheimnis lüftet, wie Wilson und Roosevelt dem amerikanischen Volk ihren Willen aufzwingen konnten, während sie noch das schockierende Beispiel des von Präsident Woodrow Wilson begangenen Verrats vor Augen hatten.

Es kann nur eine Antwort geben, was die Quelle dieser Macht betrifft: die Rothschild-Agenten in Amerika, die den Eintritt der Vereinigten Staaten in den Zweiten Weltkrieg wünschten und aktiv anstrebten. Das Buch *Propaganda in the Next War* (*Propaganda im nächsten Krieg*) von Hauptmann Liddell Hart wirft ein gutes Licht darauf, wie das amerikanische Volk zum zweiten Mal in einen Krieg in Europa hineingezogen wurde, obwohl die große Mehrheit völlig dagegen war, aber leider scheint das Buch nicht verfügbar zu sein. Der Autor Armstrong sagte

> Offenbar handelte es sich um ein halboffizielles Buch der britischen Regierung. Die Vernichtung dieser Kopien des Buches erfolgte wahrscheinlich auf Befehl des Kriegsministers, des Juden Hoar-Belisha...
>
> Die Errichtung eines jüdischen Heimatlandes war kein Thema des Weltkriegs oder des Friedensvertrags mit Deutschland.
>
> Die Araber waren unsere Verbündeten und kämpften Seite an Seite mit den Soldaten der Alliierten. Es war ein unvertretbarer Diebstahl, der auf Initiative der "Alten", Lloyd George, Woodrow Wilson und Georges Clemenceau, kaltblütig begangen wurde (*Rothschild Money Trust*, Seiten 65, 79).
>
> Das Schlimmste ist, dass die Errichtung dieses "jüdischen Heimatlandes" ein kaltblütiger Verrat an der arabischen Regierung und dem arabischen Volk war. Die Araber behaupten, dass sie durch das Versprechen, dass die sogenannte Balfour-Erklärung rückgängig gemacht und die Araber nicht in ihrem friedlichen Eigentum und Besitz ihres Landes belästigt würden, dazu gebracht wurden, an der Seite der Alliierten in den Krieg zu ziehen.
>
> Diese Behauptung wird von der britischen Regierung nicht bestritten, aber als Entschuldigung wird angeführt, dass Woodrow Wilson darauf bestand, dass die Juden diese nationale Heimstätte erhalten sollten, und dass Lloyd George aus

politischen Manövern und um andere Dinge in dem von ihm angestrebten Friedensvertrag zu erreichen, zugestimmt hat. Palästina wird nun zu Recht als das "zweimalige gelobte Land" bezeichnet. Es ist wahrscheinlich, dass Deutschland es ebenfalls als Gegenleistung für die russische Zustimmung versprochen hat (*Rothschild Money Trust*, Seite 70).

Einer der am wenigsten beachteten Nebeneffekte des Ersten Weltkriegs und des anschließenden Friedensvertrags war die Entmonetarisierung des Silbers, das seit der Antike in den Währungssystemen der Welt immer einen wichtigen Platz eingenommen hat. Silber ist ein edles Metall, aber es wurde von den Rothschilds nicht als gleichwertig mit Gold angesehen, obwohl es immer eine gute Verteidigung gegen Inflation darstellte.

Weder Geld noch Goldmünzen oder Skripte/Zertifikate können aufgebläht werden. Höchstwahrscheinlich haben die Rothschilds in diesem Sinne erhebliche Anstrengungen unternommen, um das Geld zu entmünzen und echtes Geld mit einem inneren Wert in den Währungssystemen der Welt loszuwerden. Ich habe nicht vor, in diesem Buch eine Geschichte der Bank von England zu liefern, außer dass ich gelegentlich auf sie verweise.

Die Bank von England war und ist das Vorbild für alle "fraktionellen Reservebanken", einschließlich der unzulässigen Federal Reserve Bank der Vereinigten Staaten. Ihre ursprüngliche Charta wurde bis 1844 achtmal geändert, und es besteht kein Zweifel daran, dass die Rothschilds viel mit den letzten Änderungen zu tun hatten, insbesondere mit dem Peel Amendment, das radikale Veränderungen mit sich brachte, die die Banken der Rothschilds stark begünstigten.

Der Peel Amendment wurde 1844 verabschiedet und seine unmittelbare Wirkung bestand darin, dass das Geld, das bis dahin seit undenklichen Zeiten in allen Ländern, ja sogar in allen Nationen, als echte Währung zirkuliert hatte, entmünzt wurde.

Dies geschah, weil die Rothschilds ihre Kriegsschulden in Gold zurückzahlen wollten, eine Tatsache, die deutlich wurde, als sie sich weigerten, die Bezahlung der Bürgerkriegsschulden in Geld zu akzeptieren und von der US-Regierung verlangten, dass die Schulden ausschließlich in Gold bezahlt werden sollten. Es besteht kein Zweifel daran, dass das Peel Amendment derartige Dinge vorsah und dass es speziell verabschiedet wurde, um die Grundlage für das zu schaffen, was später folgen sollte. Das Amendment verlieh den Briten auch ein Goldmonopol, da sie das Gold besaßen, das sie 1899-1902 von den Buren in Südafrika gestohlen hatten.

Übrigens war es Peel, der im Parlament das Antisemitismusgesetz durchgesetzt hatte, das es zum ersten Mal in der langen Geschichte Englands einem Juden erlaubte, für ein öffentliches Amt zu kandidieren. Doch mitten im Kampf gegen eine starke Opposition stürzte Peel bei einem Ausritt von seinem Pferd und starb an seinen Verletzungen. Er war ein erfolgreicher Reiter, was den Unfall umso seltsamer erscheinen lässt. Damit blieb Disraeli als Hauptprotagonist des Gesetzentwurfs übrig. Disraelis erste Rede als Parteiführer im Unterhaus am 7. Dezember 1847 war von seinen Gegnern, die von dem gefürchteten Iren Daniel O'Connell angeführt wurden, ertränkt worden.

Die Verfasser des Antisemitismusgesetzes waren Sir Moses Montefiore, der durch Heirat mit den Rothschilds verwandt war und einer der beiden Sheriffs der City of London war. Obwohl Montefiore Jude war, konnte er dieses hohe Amt bekleiden, da das Oberhaus keine Gerichtsbarkeit oder Kontrolle über die City of London hatte.

Montefiore war in die Kammer gekommen, um die Erlaubnis zu erhalten, die Debatte zu verfolgen.

Der Gesetzentwurf wurde nicht direkt, sondern unter dem Namen, den man ihm gegeben hatte, eingebracht: ein Gesetzentwurf zur Aufhebung der Beschränkungen aller Konfessionen, was die Rothschilds schon immer getan hatten, wobei sie einen solchen Ansatz als "Seitenwind" bezeichneten.

Damit sollte eine seit langem bestehende Praxis beendet werden, nach der Juden nicht Richter oder Lehrer werden oder ins

Parlament einziehen konnten; sie durften nicht wählen, wenn sie sich weigerten, den christlichen Eid zu leisten, und sie durften nicht als Juristen praktizieren.

Lionel de Rothschild hatte sich geweigert, den christlichen Eid zu leisten, und obwohl er ins Oberhaus gewählt wurde, konnte er seinen Sitz wegen seines hartnäckigen Widerstands gegen die Ablegung des christlichen Eides nicht einnehmen.

Die "Judenvorlage", wie sie von den Konservativen genannt wurde, sollte auch nach elf Jahren Widerstand von Abgeordneten wie Lord Derby, Lord Bentinck und Sir Robert Inglis nicht verschwinden, der auf die Frage, warum Juden aus dem Parlament ausgeschlossen werden sollten, erklärte:

> "Die Juden sind hier Fremde und haben keinen Anspruch darauf, Bürger zu werden, es sei denn, sie halten sich an unser Sittengesetz, das das Evangelium ist."

Die Tories im Oberhaus waren strikt gegen die "Judenvorlage", wie Lord George Bentinck sie nannte, was er elf Jahre lang jedes Mal erklärte, wenn die Vorlage wieder auftauchte. Man muss die Hartnäckigkeit der Rothschilds anerkennen, wenn sie etwas wollten, hielten sie hartnäckig daran fest, bis sie es bekamen. Wie Lord Bentinck erklärte:

> Ich betrachte die Judenfrage als eine persönliche Angelegenheit, wie ich es auch bei einem großen Privatbesitz oder einer geplanten Scheidung tun würde. Disraeli wird die Juden natürlich herzlich unterstützen, erstens wegen einer erblichen Veranlagung zu ihren Gunsten und zweitens, weil er und die Rothschilds große Verbündete sind. (Auszug aus dem Hansard-Bericht)

Bentinck wurde später tot aufgefunden, offenbar an einem Herzinfarkt im Alter von sechsundvierzig Jahren. Wie Peels Tod zuvor ließ auch Bentincks Tod viele Fragen unbeantwortet, von denen die relevantesten nie angesprochen wurden.

Am 20. Februar 1849 wird das Gesetz zur Beseitigung der Geschäftsunfähigkeit von Juden unter der Leitung von Disraeli erneut in dritter Lesung im Repräsentantenhaus behandelt. Auf der Tribüne sitzt Louise de Rothschild, die die Debatte im Namen von Lionel Rothschild beobachtet. Die Maßnahme geht mit 272 zu 206 Stimmen durch, wird aber von den Lords abgelehnt.

Im darauffolgenden Jahr, am 29. Juli 1850, versuchte Lionel de Rothschild erneut, seinen Sitz einzunehmen, doch der Gerichtsschreiber weigerte sich, ihn zuzulassen, und so begann ein neuer Zyklus hektischer Aktivität, der von bissigen Debatten geprägt war.

Die *Times* bezeichnete diese Maßnahme fortan als "jährlichen Zeitvertreib" des Parlaments. Nachdem er 1849, 1851, 1853, 1856 und 1857 für ungültig erklärt worden war, versuchte Disraeli 1858 einen neuen Ansatz, indem er den Wortlaut des Eides änderte, doch die Lords lehnten ihn erneut ab.

Disraeli konterte, indem er ein Komitee ernannte, das die Grundlagen für die Wiederherstellung des neuen Eides untersuchen sollte, und berief Lionel de Rothschild in das Komitee. Schließlich wird inmitten unrühmlicher Szenen und Lord Derbys rückwärtsgewandter Opposition, bei der eine hauchdünne Mehrheit für ihn stimmt, ein Kompromiss gefunden: Jede Kammer würde ihren eigenen Eid formulieren. Im prunkvollen Haus von Lionel de Rothschild herrschte große Freude darüber, dass die "elf Jahre des Schreiens und Brüllens aus allen Ecken des Hauses" endlich vorbei waren.

Am 26. Juli 1858 legte Lionel de Rothschild den Eid nach dem neuen, nicht-christlichen Eid ab und schüttelte Disraeli die Hand, als dieser gerade dabei war, den Eid abzulegen. Dies war eine öffentliche Demonstration seiner Dankbarkeit gegenüber seinem Schützling, den er weise und vorausschauend in zartem Alter zum Christentum bekehrt hatte, vielleicht in Erwartung des unschätzbaren Dienstes, den er soeben geleistet hatte.

KAPITEL 22

Die Rothschilds zerschlagen das Haus der Lords

Die Schleusen wurden geöffnet. Lord Rothschild nahm seinen Platz ein, gefolgt in rascher Folge von David Salomons, Sir Francis Goldsmith, Nathaniel de Rothschild, Frederick Goldsmid und Julian Goldsmid.

Interessanterweise vertrat keiner dieser Männer Disraelis eigene Partei, die konservative unionistische "Tory-Partei". Aber der Hauptgegner, Graf Derby, der nun die Unterstützung seiner eigenen Partei verlor, hielt seine Einwände schriftlich fest:

> Ohne Illoyalität oder Abneigung gegenüber den Untertanen Ihrer Majestät jüdischen Glaubens zu zeigen, sind die Lords der Ansicht, dass die Verleugnung und Ablehnung dieses Erlösers, in dessen Namen jede Kammer des Parlaments täglich ihre kollektiven Gebete um den Segen Gottes für ihre Räte darbringt, eine moralische Unfähigkeit darstellt, an der Gesetzgebung einer Gemeinschaft teilzunehmen, die sich zum christlichen Glauben bekennt. (Hansard-Bericht)

Die sichtbarsten Ergebnisse des Gesetzes zur Aufhebung der Beschränkungen für Juden waren, dass die Rothschilds und andere führende Juden Zugang zum Oberhaus erhielten und der so verhasste christliche Eid abgeschafft wurde. Bei der anderen Änderung, dem Peel Amendment bei der Bank von England, hatten die einfachen Leute, wie üblich, keine Ahnung, wie sie eingewickelt wurden und was sie verlieren würden. Die Ungläubigen arbeiteten so geschickt, dass, während die Opfer mit offenen Augen herumliefen, aber nicht begriffen, was sie sahen, die Rothschilds ihren Einfluss auf die globalen

Währungssysteme festigten.

Natürlich wird die Täuschung auch heute noch praktiziert, wenn amerikanische Münzen so hergestellt werden, dass sie wie Silber aussehen, obwohl sie gar kein Silber enthalten. Die amerikanische Währung könnte genauso gut aus Plastik hergestellt werden, aber das wäre nicht in Ordnung, denn dann könnten die Vielen nach all den Jahren die Täuschung bemerken! Sogar die *Encyclopedia Britannica* hat versucht, den Betrug des Peel Amendment zu verschleiern:

> Bei dem Versuch, die inhärenten Mängel unserer Währung zu beheben, war es unerlässlich, mit Umsicht vorzugehen, die bestehenden Interessen so weit wie möglich zu respektieren und Maßnahmen zu vermeiden, die Befürchtungen oder Verdächtigungen der Öffentlichkeit erregen könnten; aber die Maßnahmen ... wurden so geschickt entworfen, dass sie wenig Widerstand hervorriefen, während sie gleichzeitig sehr wichtige und sehr vorteilhafte Veränderungen mit sich brachten... wurden so geschickt entworfen, dass sie wenig Widerstand hervorriefen, während sie gleichzeitig sehr wichtige und sehr vorteilhafte Veränderungen mit sich brachten. (*Encyclopedia Britannica* Vol. III, Seite 323)

Zum Beispiel: Was waren die "Mängel", von denen die Rede ist?

Der größte "Fehler" war, dass es bislang nicht einfach war, Kriege zu führen, da es nie genug Geld für diese Kriege gab und das Geld durch die Erhebung zusätzlicher Steuern aufgebracht werden musste. Das bedeutete, dass irgendwann selbst schlafende Massen wütend werden und sich gegen zu hohe Steuern auflehnen würden.

Der andere "Fehler" war, dass das Papiergeld mit Barren unterlegt werden musste, und was wünschenswert war, war die volle Praxis des alten babylonischen Systems der betrügerischen Bank mit fraktioneller Reserve, was im Klartext bedeutete, dass die Banken eine bestimmte Menge Papiergeld ausgeben konnten, das nicht mit realen Vermögenswerten wie Silber und Gold unterlegt war. Ohne diese Änderungen und die Papiergeldflut, die auf das Peel Amendment und die Einrichtung der Federal Reserve Banken in Amerika folgte, wäre es nicht möglich gewesen, den Ersten und Zweiten Weltkrieg zu finanzieren und zu fördern. Es gab einfach kein echtes Geld für solch kostspielige Kriege, und die Menschen hätten sich nicht bereit erklärt, zusätzliche Steuern zu zahlen, um solche Missgeschicke zu finanzieren.

Tatsächlich hätte es keinen Golfkrieg gegeben, keine Invasion des Irak im Jahr 2002, keine Bombardierung Serbiens und keinen Krieg gegen Afghanistan - wenn es nicht eine reichliche Versorgung mit wertlosem Papiergeld gegeben hätte, das als US-Dollar bezeichnet wird. Weltweit als solche akzeptiert, sind sie in Wirklichkeit Papierschnipsel, die von einem privaten Bankensystem ausgegeben werden und nicht gegen Gold oder Silber eingetauscht werden können.

Warum war es laut der *Encyclopedia Britannica* notwendig, "mit Bedacht vorzugehen"? Wenn es sich um ein ehrliches Bedürfnis handelte, warum hätte man dann bei diesem Vorgehen mit Vorsicht vorgehen müssen? Doch die Enzyklopädie lässt das böse Spiel der Täuschung in den Worten "die Befürchtungen und Verdächtigungen der Öffentlichkeit erregen könnten" durchsickern.

Aus seinem eigenen Eingeständnis erfahren wir nun, dass Vorsicht geboten war, weil man sich auf eine grundlegende Täuschung der Öffentlichkeit einließ, und dass die Täuschung "geschickt gestaltet sein musste, um geringen Widerstand zu provozieren".

Es ist ein Eingeständnis der Täuschung und des eklatanten Betrugs am Volk. Die Autoren wussten genau, dass das Volk aufbegehren würde, wenn es davon erfährt, daher musste der Peel Amendment als "höchst vorteilhafte Veränderungen" getarnt werden.

Wer waren die Nutznießer dieser "höchst vorteilhaften Veränderungen"? Es gab nur eine Partei, die davon profitierte, nämlich die Rothschild-Dynastie und ihre weltweit etablierten Banken.

Wenn das nicht wahr wäre, wären die "höchst vorteilhaften

Veränderungen" von den Dächern Londons und jeder Stadt der Welt geschrien worden. Doch die "höchst vorteilhaften Veränderungen" dienten dem Profit des Rothschild-Bankenimperiums und nicht den Völkern der vielen betroffenen Nationen.

Obwohl Sir Robert Peel die Änderung der Charta der Bank einbrachte, war ihr Urheber in Wirklichkeit Lionel Rothschild durch seinen "Diener" Benjamin Disraeli, den er als Premierminister von England geschaffen und berühmt gemacht hatte, so wie die Rothschilds Napoleon I. geschaffen und berühmt gemacht hatten[er]. Lionel Rothschilds Einfluss auf die Bank von England hat nie nachgelassen, seit er die Bank dazu verängstigt hatte, ihm durch diesen Angriff auf seine Goldreserven de facto die Kontrolle zu geben, wie bereits erläutert, indem er verlangte, dass sein Papier gegen sein Gold getauscht werden sollte.

Es sei daran erinnert, dass am 4. August 1847, als Disraelis Berechtigung für einen Sitz im Parlament dünn wie Papier war, weil er aus Angst vor seinen zahlreichen Gläubigern keinen Anspruch auf Eigentum erheben konnte, und Eigentum eine notwendige Qualifikation war, war es Baron Mayer de Rothschild, der High Sheriff der Grafschaft, in der die Stadt Aylesbury lag, der Disraeli bescheinigte, dass er ein qualifizierter Kandidat war, und ihn dann für ordnungsgemäß gewählt erklärte, nachdem ein anderer Kandidat, ein gewisser John Gibbs, überredet worden war, sich von der Wahl zurückzuziehen.

Die Zuschauer nahmen das Ergebnis jedoch nicht gut auf. Da sie Disraeli als Eindringling wahrnahmen, wurde er mit Pfiffen und Tumulten empfangen. Erwähnenswert ist auch, dass, obwohl sich Disraeli in einer sehr schwierigen finanziellen Situation befand, die seine Karriere im Parlament ernsthaft hätte beeinträchtigen können und müssen, es Lionel de Rothschild war, der seine Schulden aufkaufte und sie beglich. Der Fall wird in *Disraeli* by Weintraub auf Seite 401 erwähnt:

> Durch Vermittlung von Philip Rose und Lionel de Rothschild beglich Montague alle Schulden. Der erwähnte Montague soll

"angeboten haben, Disraelis Schulden aufzukaufen und einen Zinssatz zu berechnen, der unter dem Wucherzins liegt". Kritiker haben vorgeschlagen, dass der eigentliche "Käufer" von Disraelis Schulden in Wirklichkeit Lionel Rothschild war.

Eine weitere unbestreitbare Tatsache ist, dass die Rothschilds im September 1848 über einen Strohmann, den Marquis von Titchfield, zum Kauf von Hughendon, Disraelis Landhaus, beigetragen haben. Wie Disraeli an seine Frau Mary Anne schrieb: "Es ist alles getan; Sie sind die Dame von Hughendon".

Ich erwähne diese Fakten, weil sie die Behauptung zu bestätigen scheinen, dass Disraeli "ein einfacher Handlanger der Rothschilds" war.

Eine Untersuchung der Methoden, die die Rothschilds anwandten, um den Betrug des Peel Amendment zu beenden, zeigt, dass sie genau die gleiche Methode anwandten, um den Betrug der Federal Reserve Banks am amerikanischen Volk zu beenden. In beiden Fällen hatten der Urheber und der Nutznießer der Verschwörung ein und denselben Ursprung: die Rothschild-Dynastie.

Die Katastrophe von 1840 wurde von den Rothschilds inszeniert und gesteuert, um den Weg für die entscheidende Gesetzesänderung von 1844 zu ebnen, die für sie so vorteilhaft sein sollte, weil sie den restriktiven Einfluss von Silbermetallgeld und Silberzertifikaten beendete.

Die Rothschilds inszenierten die Panik von 1907, die den Weg für die amerikanische Version des Peel Amendment ebnete, die irreführenden und regelrecht verfassungswidrigen Federal Reserve Banks, deren Gesetzesentwurf im Senat von ihren zahlreichen Agenten in Amt und Würden, darunter Senator William Aldrich, vorangetrieben wurde. Das Peel Amendment und der Federal Reserve Act sind Zwillinge desselben Verwandten, der Rothschilds, die ihre Strohmänner und Diener dazu benutzt haben, die wahren Urheber dieser schändlichen steuer- und geldpolitischen Täuschungsmaßnahmen zu verschleiern.

Wie konnten die Rothschilds den doppelten Erfolg erzielen, der das Joch der Sklaverei um den Hals gewöhnlicher Menschen gelegt hat? Sie taten es, indem sie die politischen Führer der beiden politischen Parteien im britischen Parlament und die politischen Führer der beiden Parteien im Repräsentantenhaus und im Senat der Vereinigten Staaten besaßen und kontrollierten. Seitdem hat sich nichts geändert.

Der Status quo bleibt bestehen. Diese beiden Maßnahmen verleihen den Rothschilds die vollständige Kontrolle über die Geld- und Steuerpolitik des Britischen Empire und die vollständige Geld- und Steuerkontrolle über die Vereinigten Staaten. Damit vervielfachen sie nicht nur den Reichtum der Rothschilds, sondern auch ihre Macht, den Regierungen Großbritanniens und der Vereinigten Staaten die Politik zu diktieren, und machen sie zu "den unbestrittenen Herren und Meistern der Geldmärkte der Welt".

Disraeli sagte nicht, dass die Rothschilds die vollständige Kontrolle über die Außen- und Innenpolitik der Regierungen der Welt erlangt hatten, aber es war kaum nötig, dies auszusprechen, da dies auf der Pariser Friedenskonferenz offensichtlich wurde.

Auf Anweisung ihrer Herren Rothschild organisieren Präsident Wilson und Premierminister George zwei Ausschüsse, die als "Finanzausschuss" und "Wirtschaftssektion" bezeichnet werden. Die Rothschild-Agenten Baruch und Thomas Lamont, ein Partner von J. P. Morgan and Co. werden in den Finanzausschuss berufen.

Das Netto-Endergebnis der Beratungen und Entscheidungen der beiden Ausschüsse machte es Großbritannien und Frankreich fast unmöglich, ihre Kriegsschulden an die Vereinigten Staaten zurückzuzahlen, mehr als wahrscheinlich mit der Absicht, dass sie "gestrichen" werden sollten, was sie dann auch taten, im eklatantesten Missbrauch der amerikanischen Verfassung.

Es gab und gibt keine Bestimmung in der Verfassung der Vereinigten Staaten, die Kredite und Geschenke an ausländische Mächte erlaubt, geschweige denn, dass die Schulden erlassen werden. Für die Rothschilds war dies jedoch nur eine weitere

Hürde, die es zu überwinden galt, und die USA erließen den Alliierten Schulden in Höhe von Milliarden Dollar.

Die Absicht war ganz klar, dass die den Rothschilds geschuldeten Schulden zurückgezahlt werden sollten, und das war die von den westlichen Regierungen allgemein akzeptierte Grundlinie . Leider folgten die Rothschild-Agenten in der US-Regierung dem Plan, der das amerikanische Volk um Abermilliarden Dollar beraubte und die Rothschilds mit ähnlichen Beträgen bereicherte, und zwar unter eklatantester Verletzung des höchsten Gesetzes der Vereinigten Staaten, der Verfassung.

In seinem Gefolge führte die eklatante Missachtung der Verfassung zu einer Stärkung des internationalen Sozialismus, der Armut und Leid mit sich brachte, mit Revolutionen, die zum Aufstieg des Kommunismus führten.

Wer war dieser Disraeli, ein Mann, der eine so tiefgreifende Wirkung auf die Geschichte Englands hatte? Wie gelangte er zu seiner Machtposition?

Benjamin Disraeli (1804-1881), der am Ende seines Lebens den Titel Lord Beaconsfield erhielt, war die erste Person jüdischer Abstammung, die Premierminister von England wurde.

Eine Untersuchung von Dokumenten des Britischen Museums zeigt, dass Disraeli seinen Aufstieg zu Ruhm und Macht einzig und allein Lionel Rothschild zu verdanken hat. Als er von Lionel entdeckt wurde, befand sich Disraeli in einem Zustand verzweifelter Armut, aber er schaffte es trotzdem, zu Macht und Ruhm aufzusteigen, weil Lionel Rothschild in ihm einen nützlichen Diener fand.

Bismarck, eine weitere "Schöpfung" Rothschilds, erklärte, Disraeli habe hinter dem Plan gestanden, die Vereinigten Staaten durch einen Bürgerkrieg zu Fall zu bringen.

Der amerikanische Bürgerkrieg war der sinnloseste Brudermord der Weltgeschichte und kostete fast 800 000 Männer das Leben. Es war ein Krieg, der niemals hätte stattfinden dürfen und der ohne die "verborgene Hand" der Rothschilds und ihres Agenten Disraeli, an dessen Seele das Blut der Bürgerkriegstoten für immer ruhen muss, niemals stattgefunden hätte.

Lionel Rothschild wird zu Benjamins Mentor und Führer. Schon während der Ausbildungsjahre des jungen Disraeli nimmt Lionel die Dinge in die Hand und führt seinen Schützling von einem Erfolg zum nächsten.

Disraeli war für Lionel, was Weishaupt für Amschel war; Gambetta für James Rothschild III, was Poincaré für Alphonse Rothschild IV und Édouard Rothschild V war, oder wie Kerensky (Kirbis) für E. Rothschild V. ... Disraeli war das trojanische Pferd, das in die Oberschicht Großbritanniens eingeschleust wurde und den Weg für die Infiltration von etwa zwanzig Juden als zukünftige Lords und Minister ebnete. Jetzt regieren sie es vollständig. (*Verhindern wir den Zweiten Weltkrieg*, Graf Cherep-Spiridovich)

Laut Buckles Werk *Life and Death of Disraeli*,

"keine Karriere in der englischen Geschichte ist wunderbarer als die von Disraeli, und keine war bislang von einem größeren Geheimnis umgeben."

Doch für Thomas Carlyle, den großen englischen Essayisten und Historiker, war Disraeli ein "Abenteurer und ein großartiger hebräischer Zauberer". Carlyle hat ein bemerkenswertes Werk über die Französische Revolution geschrieben, und seine hochgelobten *Vorlesungen* über Helden machen ihn zu einem besseren Richter über Disraeli als Buckles *Geschichte der Zivilisation in England*. Auch Professor William Langer leistet bei der Beurteilung von Disraelis Wert realistischere Arbeit, doch keiner dieser Historiker sagt etwas über seinen Mentor und Kontrolleur Lionel Rothschild. Cherep-Spiridovich ist der am wenigsten barmherzige von allen gegenüber Disraeli:

Disraelis Politik bestand hauptsächlich in seinem Hass auf Russland... Von Lionel unter Kontrolle gebracht, trug Disraeli nun eine triumphierende Verachtung, die eines Mephistopheles würdig wäre. Da er blass war, blinzelnde Augen und schwarzes Haar hatte, nahm er einen schwarzen Samtmantel an, der mit weißem Satin gefüttert war, weiße Handschuhe, hängende Fransen aus schwarzer Seide und einen weißen Elfenbeinstab mit schwarzen Quasten.

All das wurde teuflisch gut kombiniert, um einen stärkeren Eindruck auf die einflussreichen alten Damen zu machen. Und dank ihnen lernte Benjamin in London alle Geheimnisse, die sein Gönner Lionel brauchte, mit dessen Geld Disraeli in die höchsten Kreise aufgestiegen war.

Sarah Bradford erklärt in ihrem Buch *Disraeli* auf den Seiten 60 und 186, dass Disraeli "starke zionistische Gefühle hatte, die er privat zum Ausdruck brachte". Bradford erwähnt noch einige andere bedeutende Elemente im Zusammenhang mit Disraelis Sponsoring durch die Rothschilds:

> sie kannten seine Frau Mary Anne schon vor der Hochzeit und erzählten, wie die Rothschild-Damen immer intimer mit ihr wurden. (Seite 187)

> Disraeli wurde häufig im Haus von Anthony de Rothschild empfangen und "als Teil der Familie betrachtet". (Seite 386)

Weintraub, der Autor von *Disraeli*, berichtet, wie nahe Lionel Disraeli stand (Seite 243) und wie er selbst "Lionel als seinen besten Freund betrachtete. " Er sah ihn mehr als jeden anderen in London und brauchte nie eine Einladung zum Essen. Nach dem Tod seiner Frau Mary Anne lebte Disraeli praktisch in Lionels Haus (Seiten 243 und 611). Anthony de Rothschild war der beste und netteste Gastgeber der Welt (Seite 651).

Weintraub erwähnt, dass Alfred de Rothschild gegenüber Disraeli äußerst großzügig war. Es besteht kein Zweifel daran, dass Disraeli und die Rothschilds eine außerordentlich enge Freundschaft pflegten, die weit über das hinausging, was man im normalen Sinne des Wortes darunter verstehen könnte.

KAPITEL 23

Rothschilds Stellvertreter finanzierte den Angriff auf Russland

Ich habe bereits angekündigt, dass ich die Verwicklung der Rothschilds in den Krieg zwischen Japan und Russland 1904-1905 ausführlich erläutern werde. Damals glaubte die japanische Regierung, dass sie von Jacob Schiff, der hinter den Kulissen daran arbeitete, Spannungen zwischen Russland und Japan zu schüren, eine helfende Hand erhielt, doch was steckte wirklich hinter dem Kredit, den Schiff den Japanern gewährte?

Die Rothschilds brauchten Japan in ihrem Bestreben, Russland zu destabilisieren. Ihr Hass auf die Familie Romanow war grenzenlos. Der Angriff der japanischen Flotte auf Port Arthur bereitete den Boden für die bolschewistische Revolution, die zu gegebener Zeit folgen sollte. Wie Lionel Rothschild einmal bemerkte,

> "es gab keine Freundschaft zwischen dem Hof von St. Petersburg und meiner Familie".

Der russisch-japanische Krieg beginnt am 8. Februar 1904. Die Kommunisten jubeln, da sie in dem Angriff eine Chance sehen, der Regierung einen Schlag zu versetzen. Russische Zeitungen wie *Novoye Vremyo* beschuldigten zionistische Juden, Japan heimlich zu helfen. Sie hatten Recht, denn Jacob Schiff spielte eine entscheidende Rolle bei der Vergabe mehrerer Kredite an Japan.

Schiff ist durch seine Geburt in Frankfurt am 10. Januar 1847 mit den Rothschilds verbunden. Sein Vater war den Rothschilds bekannt. Als er das Erwachsenenalter erreichte, wurde Jacob

Makler für die Rothschild-Bank in Frankfurt. Im Laufe des Jahres 1865 schickten ihn die Rothschilds nach New York, um sich mit der Firma Frank und Gans in Verbindung zu setzen. Unter den Anweisungen der Rothschilds gründete er 1867 sein eigenes Maklerhaus Budge, Schiff and Co. Die Partnerschaft dauerte etwa sechs Jahre und wurde 1873 aufgelöst, als Schiff nach Europa ging.

Nachdem er sich 1873 bei deutschen Bankunternehmen umgesehen hatte, kehrte er 1875 in die USA zurück und wurde Mitglied des Bankunternehmens Kuhn, Loeb and Co. , einer bekannten "Fassade" der Bankinteressen der Rothschilds in Amerika. Schiff hasste Russland und sah in einem russisch-japanischen Krieg die Möglichkeit, den Zaren einen Schlag zu versetzen und vielleicht ihre Herrschaft über Russland zu beenden.

Auf seinen ausdrücklichen Befehl hin gab Kuhn, Loeb and Co. 1904 und 1905 die drei großen japanischen Kriegsanleihen aus. Als Dank dafür erhielt er den zweiten Orden des heiligen Schatzes von Japan. Nach der entscheidenden Niederlage der russischen Flotte in Port Arthur war die Bühne für die schweren Unruhen bereitet, die in Russland folgen sollten:

- ➢ 28. Juli 1904: Ermordung von Viacheslav von Plehve, dem zuständigen Innenminister.
- ➢ Am 22. August 1904 brachen in Kiew, Rowno und Wolhnja jüdische Unruhen aus, die bis Oktober andauerten.
- ➢ 22. Januar 1905 Blutsonntag, der von "Pater" Giorgi Gapon, einem Rothschild-Agenten, angeführt wird.
- ➢ 2-30. Oktober 1905 Ein Generalstreik, dem sich das ganze Land anschloss
- ➢ 22. Dezember-1er Januar 1905-06 Arbeiteraufstand in Moskau
- ➢ 2. Mai 1906 Die Entlassung des Grafen Witte, von Historikern als Anfang vom Ende der Herrschaft der Romanows anerkannt

Der Mord an von Plehve war in einem jüdischen Gedicht

vorhergesagt worden, das im Februar 1904 in Umlauf war und an "Haman" gerichtet war. Leicht als Innenminister zu identifizieren, hieß es darin, dass der "neue Haman" bald sterben würde. Am Morgen des 28. Juli 1904 warf ein Terrorist namens Sazonov eine Bombe auf von Plehve, als dieser auf dem Platz vor dem Warschauer Depot in Sankt Petersburg stand.

Kurz vor dem Ausbruch der bolschewistischen Revolution gab Schiff Lenin 20 Millionen Dollar, um der bolschewistischen Sache zu dienen. Es ist nicht verwunderlich, dass Papst Leo XIII. in seinem apostolischen Schreiben vom 19. März 1902, *Parvenu à la Vingt-cinqui Année:*

> Sie schließt die meisten Nationen in ihren gewaltigen Machtbereich ein und vereint sich mit anderen Sekten, deren tatsächliche Inspiration und treibende Kräfte verborgen sind. Sie zieht ihre Mitglieder zunächst an und hält sie dann durch die Verlockung der materiellen Vorteile, die sie ihnen sichert, bei der Stange. Sie unterwirft die Regierungen ihrem Willen, teils durch Versprechungen, teils durch Drohungen. Sie ist in alle Klassen der Gesellschaft eingedrungen und bildet eine unsichtbare, unverantwortliche Macht, eine unabhängige Regierung, als wäre sie Teil des Gesellschaftskörpers des legalen Staates.

Und Dr. Gérard Encausse erklärt in der Ausgabe von *Mysteria* vom April 1914:

> Neben der internationalen Politik der einzelnen Staaten gibt es bestimmte obskure Organisationen der internationalen Politik ... Die Männer, die in diesen Räten sitzen, sind keine Berufspolitiker oder glänzend gekleidete Botschafter, sondern bestimmte unbekannte Männer, große Finanziers, die den eitlen, kurzlebigen Politikern überlegen sind, die sich einbilden, die Welt zu regieren.

Bevor er zu Gunsten der Verschwörer umgedreht wurde, machte Winston Churchill eine Bemerkung zu den Ereignissen in Russland:

> Die führenden Geister einer furchterregenden Sekte, der furchterregendsten Sekte der Welt, und mit diesen Geistern um ihn herum machten sich mit dämonischen Fähigkeiten an die

Arbeit, um alle Institutionen, von denen der russische Staat abhing, in Stücke zu reißen. Russland wurde niedergeschlagen. Russland musste zu Boden gebracht werden. Es liegt nun im Staub.

Churchill bezog sich auf die teuflische Wut Lenins und Trotzkis, auf den Terror und die Zerstörung, die sie über das christliche Russland gebracht hatten. (*Rede vor dem Unterhaus* am 5. November 1919)

Lenin war nur ein weiterer Diener der Rothschilds, der geschickt wurde, um ihre Befehle auszuführen. Ihr Hass auf die Romanows kannte keine Grenzen.

Was die Rothschilds wütend machte, war der Versuch des Zaren, ein Heiliges Reich zu bilden, das Christus als sein Oberhaupt anerkennen würde. Es gibt mehrere Quellen, die diesen Antagonismus bestätigen: Das Werk des jüdischen Autors A. Rappaport, *The Curse of the Romanov's*, die Erzählung von Professor William Langer, John Spencer Bassetts *The Lost Fruits of Waterloo* und Dokumente in den Privatpapieren von Lord Milner.

Die Heilige Allianz galt als christliche Liga der Nationen, Österreichs, Preußens und Russlands, in der Hoffnung, dass Großbritannien und Frankreich und alle Nationen Europas sich ihr anschließen würden. Die Nationen mussten einen Treueeid auf den

> "einziger und wahrer Souverän, dem allein alle Macht nach göttlichem Recht zusteht, nämlich Gott, unser göttlicher Erlöser, Jesus Christus".

Die Galionsfigur dieser erhofften Allianz war Zar Alexander Ier, der alles daran setzte, sie Wirklichkeit werden zu lassen. Die Rothschilds brachten sofort ihren Widerstand gegen diese Allianz zum Ausdruck.

Professor Langer definiert sie wie folgt, was meiner Meinung nach eine einseitige Darstellung ist:

> Am 26. September 1815 wurde die Heilige Allianz, ein Dokument, das von Zar Alexander Ier verfasst, von Kaiser Franz

I.er und Friedrich Wilhelm III. unterzeichnet und schließlich von allen europäischen Herrschern mit Ausnahme des Prinzregenten von Großbritannien, des Papstes und des Sultans der Türkei unterzeichnet wurde, unterzeichnet. Es handelte sich um eine harmlose Erklärung christlicher Grundsätze, die den Herrschern in ihren Beziehungen zu ihren Untertanen und untereinander als Richtschnur dienen sollten.

Diese vagen und ausnahmslosen Prinzipien waren vom Zaren wahrscheinlich als bloße Vorrede für eine Form der internationalen Organisation gemäß den Empfehlungen des Abbé de Saint-Pierre ein Jahrhundert zuvor gedacht.

Die Bedeutung des Dokuments liegt nicht in seinem Wortlaut, sondern in seiner späteren Verwechslung in der öffentlichen Wahrnehmung mit der Quadrupelallianz und insbesondere mit der reaktionären Politik der drei östlichen Mächte, die als durch einen gegen die Freiheiten des Volkes gerichteten, als Religion getarnten Pakt verbunden angesehen wurden.

In erster Linie war sie nicht "als Religion getarnt". Dies wurde von den Rothschilds so interpretiert, die alles daran setzten, Großbritannien von der Unterzeichnung des Dokuments abzuhalten.

In Frankreich trugen die Rothschilds dazu bei, die "Trennung von Kirche und Staat" zu erreichen, um bei der Auflösung der Heiligen Allianz zu helfen. Das Buch von Rappaport erklärt dazu:

> Die Wiederherstellung des Friedens in Europa verschaffte Zar Alexander Ier große Befriedigung. Alexander richtete seine Aufmerksamkeit auf die Irreligiosität der Nationen als Quelle des Übels. Er entwarf die Idee, den religiösen Eifer in den Völkern wiederzubeleben und auf diese Weise eine patriarchalische Ordnung, die Reinheit des Familienlebens und den Gehorsam gegenüber Gesetz und Autorität wiederherzustellen. Die Regierenden sollten jedoch mit gutem Beispiel vorangehen und ihren Untertanen als Vorbild dienen.
>
> Die Herrscher Europas müssen ihre Aufgaben als Herrscher von Imperien und Königreichen im Geiste des Gründers des Christentums erfüllen, der das Band sein muss, das die Herrscher mit ihren Völkern und untereinander verbindet.

(*Curse of the Romanov's*, Seite 336)

Offenbar war die Heilige Allianz mit den Plänen der Rothschilds nicht einverstanden, wenn man die Schriften des Grafen Cherep-Spiridowitsch berücksichtigt, der der Ansicht ist, dass die Rothschilds ab diesem Zeitpunkt, 1815, das Schicksal Russlands und der Romanow-Familie besiegelten. Kardinal Manning äußerte sich wie folgt:

> Es wurde eine Vereinigung mit dem ausdrücklichen Ziel gegründet, alle Religionen der Nationen zu entwurzeln und alle Regierungen Europas zu stürzen.

Der Kardinal war der Ansicht, dass das erste Opfer Frankreich während der Französischen Revolution war und dass Russland sein zweites Opfer war. Es gibt Beweise dafür, dass Disraeli nicht die Wahrheit über Russland gesagt hat. Es waren die Rothschilds, die die bolschewistische Revolution anzettelten und sie über ihre New Yorker Bankfassaden von Jacob Schiff und J. P. Morgan sowie in London von Lord Alfred Milner finanzierten. Es ist eine Tatsache, dass Schiff Trotzki 20 Millionen Dollar gab, um ihm die Aufgabe zu erleichtern, das christliche Russland zu stürzen.

Die Geschichte der Rothschilds zeigt, dass sie nicht davor zurückschreckten, einen Teil ihres immensen Vermögens auszugeben, um politische Ziele zu erreichen. Dabei erzielten sie erstaunliche Erfolge.

Die Tatsache, dass die Rothschilds eine erstaunliche Macht über Nationen und Regierungen besaßen und ausübten, wird durch die folgenden Fakten belegt:

> Der Kaiser musste die Rothschilds konsultieren, um zu wissen, ob er den Krieg erklären konnte. Ein anderer Rothschild trug die ganze Last des Konflikts, der Napoleon stürzte. (*The Patriot*, Dr. Stuart Holden, 11. Juni 1925)

> Der Aufstand in Georgien (Kaukasus) wurde von den Rothschilds inszeniert (*Humanité*, September 1924, jüdische Zeitschrift).

> Die Rothschilds können Kriege auslösen oder verhindern. Ihr Wort kann Imperien begründen oder zerschlagen. (*Chicago*

Evening newspaper, 3. Dezember 1923)

Alphonse Rothschild erklärt sich bereit, die gesamte Entschädigung Frankreichs an Deutschland zu zahlen, wenn Frankreich ihn zum König wählt (Tagebuch eines Ordonnanzoffiziers von Graf von Hemson).

Bei der letzten entscheidenden Beratung des britischen Kabinetts am 3. Juli 1914 lud Mr. Lloyd George Lord Rothschild ein, der Debatte beizuwohnen. Der Premierminister spielte sein dämonisches Spiel im Namen der Rothschilds, deren einfaches Werkzeug er immer war und bleibt. Hätte England ehrlich erklärt, dass es an der Seite Russlands und Frankreichs stehen würde, hätte es keinen Krieg gegeben, denn der Kaiser hätte dies niemals zugelassen, ungeachtet der zehn Juden, die ihn eng umgaben: Bethman-Hollwig-Rothschild, Rathenau, Ballin und Dembury. (*Unenthüllte Geschichte*, Graf Cherep-Spiridowitsch)

Die Rothschilds waren seit 1770 das Rückgrat aller politischen und finanziellen Ereignisse. Ihr Name sollte auf jeder Seite der Geschichte eines jeden Landes erwähnt werden. Autoren, Lehrer, Redner und Politiker, die dies nicht erwähnen, müssen als Täuscher, Heuchler oder kriminelle Ignoranten betrachtet werden. (*Unenthüllte Geschichte*, Graf Tscherep-Spiridowitsch)

Die meisten Archive mit Details über die Rothschilds wurden in Paris während der Kommune von 1871, deren Hauptfinanzier Rothschild war, absichtlich verbrannt. (*La Libre Parole*, 27. Mai 1905)

Im Februar 1817 reisten die Freimaurer, Bublikoff und andere, allesamt Handlanger der Rothschilds, nach Russland und hielten die Schnellrestaurantzüge nach Petrograd an, um einen Volksaufstand zu provozieren. (*Nicht enthüllte Geschichte*, Graf Cherep-Spiridovich)

Am 15. Februar 1911 drängte Schiff and Co. Präsident Taft, den Handelsvertrag von 1832 mit Russland nicht zu erneuern. Als er sich weigerte, weigerte sich Schiff, ihm die Hand zu schütteln, mit den Worten "das bedeutet Krieg". Die Morde an Luschinsky und Premierminister Stolypin und der Weltkrieg folgten. (*Zu den Katastrophen; Gefahren und Heilmittel*, Graf Scherep-Spiridowitsch)

Die Rothschilds verkehrten mit Königen, Prinzen und

Potentaten, sie häuften riesige Vermögen und Titel an, waren Lords und Barone, "Sir" und "Lady" und wurden mit unzähligen Ehrungen bedacht. Sie wollten ihre Anfänge und ihren Gründer vergessen, der all dies möglich machte, indem er das "Manna", mit dem er vom Landgrafen von Hessen-Kassel beauftragt worden war, unterschlug.

- ➤ Mayer Amschel   1743-1812
- ➤ Anselm Mayer   1773 - 1855
- ➤ Salomon   1774 - 1855
- ➤ Nathan   1777 - 1836
- ➤ Karl   1788 - 1855
- ➤ Jacob James   1792 - 1868

KAPITEL 24

Einige Meinungen zu den Rothschilds, ihrer Rolle im Krieg, der Revolution und den Finanzintrigen

Dieses Kapitel besteht aus Meinungen und Ansichten verschiedener Autoren und Autoritäten, die nicht bequem in den Hauptteil des Buches aufgenommen werden können, da sie etwas unzusammenhängend sind. Dennoch sind sie meiner Meinung nach wichtig, weil sie eine Grundlage für die Schriften von Historikern und Forschern bieten, die fast fest in der Überzeugung vereint waren, dass die Rothschilds eine der größten Kräfte waren, die im 18 und 19 Jahrhundert im Spiel waren, und die es aller Wahrscheinlichkeit nach heute noch mehr sind.

> Der Erste Weltkrieg brachte Eduard Rothschild mehr als 100 Milliarden Dollar ein. (Graf Cherep-Spiridowitsch)

> Diese mächtige Revolution, die sich in diesem Augenblick in Deutschland anbahnt und von der noch so wenig bekannt ist, entwickelt sich vollständig unter der Schirmherrschaft der Juden, die fast alle beruflichen Lehrstühle in Deutschland monopolisieren. (*Coningsby*, Disraeli, Seite 250, schreibt über die Ereignisse von 1844-1848)

> Historiker sind sich einig, dass er damit die Rothschilds meinte. Praktisch alle Kriege und Revolutionen wurden später von den Rothschilds finanziert (Disraeli in *Coningsby*, Seiten 218-219).

> Der Völkerbund ist eine jüdische Idee. Wir haben ihn nach einem 25-jährigen Kampf geschaffen. (Nathan Sokolow, zionistische Führer beim Kongress in Karlsbad, 27. August

1932)

Der Völkerbund wird vollständig von Juden geleitet: Paul Hymans, Sir Eric Drummond, Paul Mantaux, Major Abraham, Mrs. N. Spiller, Der jüdische "Diener" Albert Thomas, der mit französischen Millionen half, die Bolschewiki in Russland zu inthronisieren, ist "Leiter der Arbeitsabteilung. Er erhält ein fabelhaftes Gehalt". (*Le Péril Juif La Règle d'Israël chez les Anglo Saxons*, B. Grasset, Peres, Frankreich)

Auch dies scheint sich auf die Rothschilds zu beziehen, und ich mache mir die Mühe, darauf hinzuweisen, dass in den meisten Fällen "Juden" durch "Rothschild" ersetzt werden kann.

Die moderne Bewegung der sozialen Revolution geht auf die Mitte des 18. Jahrhunderts zurück. Seit dieser Zeit gab es einen kontinuierlichen Strom subversiver Agitation, die viele Formen annahm, aber im Wesentlichen die gleichen waren, sich ausweitete und vertiefte, bis sie zu einer wahren Flut wurde, die Russland überschwemmte und unsere Zivilisation zu verschlingen droht. (*The Revolt Against Civilization*, Lothrop Stoddard)

Die großen revolutionären Bewegungen begannen Mitte bis Ende des 18. Jahrhunderts, als Amschel Rothschild 1770 zum Verwalter des Landgrafen von Hessen-Kassel wurde. Amschel heuerte alle Miljukows, Kerenskis, Lenins und andere aus dem 18 Jahrhundert an, um ihre subversive Agitation zu beginnen, so wie E. Rothschild die des 20 Jahrhunderts anheuerte. (Graf Scherep-Spiridowitsch)

Fakten von globaler Bedeutung sind zu wenigen Menschen bekannt, und wir brauchen mehr Fakten. Die Menschheit kann das Licht nicht finden, wenn sie keine Fakten hat. (Chefredakteur der *Chicago Daily News*)

Was ist diese gewaltige Sekte, von der Abbé Barruel im 18. Jahrhundert und Churchill im 20. Jahrhundert sprechen? Die Antwort kann auf der Macht des Christentums und der auf dem Christentum basierenden Zivilisation beruhen. Es war eine Macht außerhalb Russlands; es war eine Weltmacht und sie war stark genug, um Russland und auch das Haus Hohenzollern zu stürzen. Worum ging es dabei? (*Cause of World Unrest*, Nesta Webster, Seite 35)

Lloyd George erklärte, er glaube nicht, dass ein Staatsmann oder ein Führer den Krieg verursacht habe. Es könnte noch ein Jahrhundert dauern, bis die Welt die ganze Wahrheit kennt. (Senator Copeland, Congressional Record)

Das Haus Rothschild mit einigen Mitgläubigen verschwört sich, um die Welt zu besitzen (*Das Geheimnis der Rothschilds*, Mrs. Mary Hobart).

Der Kaiser musste Rothschild konsultieren, um zu wissen, ob er den Krieg erklären konnte. Ein anderer Rothschild trug die ganze Last des Konflikts, der Napoleon stürzte. (*The New York Times*, 22. Juli 1924)

Im Kaiserlichen Archiv in Berlin wurde ein Brief von Rothschild an Wilhelm II. gefunden, in dem er um Krieg bat (*Die Wahrheit über die Juden*, Walter Hurt, Seite 324).

Für die Öffentlichkeit sind die Familienarchive (der Rothschilds), die so viel Licht auf die Geschichte werfen könnten, ein tiefes Geheimnis, ein versiegeltes Buch, das versteckt gehalten wird (*The Rothschilds, Financial Rulers of the World*, John Reeves, Seite 59).

Bismarck, Beaconsfield (Disraeli), die Französische Republik, Gambetta usw. - sie alle scheinen eine unüberwindbare Macht zu bilden. Eine bloße Fata Morgana. Es ist der Jude allein mit seiner Bank, der ihr Herr ist und ganz Europa regiert. Der Jude wird das VETO vorziehen und plötzlich wird Bismarck fallen... Für die *Rothschilds* hätte nichts günstiger geschehen können als der Ausbruch der amerikanischen Revolte und der französischen Revolution, denn beide ermöglichten es ihnen, die Grundlage für den immensen Reichtum zu legen, den sie seitdem erworben haben. (*The Rothschilds Financial Rulers of the World*, John Reeves, Seite 86).

Frau Nesta Webster kann der Schlussfolgerung nicht entgehen, dass es die internationalen Finanziers sind, die das Geld (für Revolutionen und Kriege) bereitstellen. Es sind vielmehr die jüdischen Finanziers, die die Gelder bereitstellen; es sind die Juden, die seit zweitausend Jahren die Agenten-Provokateure der Revolutionen der Revolutionen sind. Es sind die Juden, die den geheimen inneren Rat der fünf wichtigsten organisierten schrecklichen Bewegungen in Aktion bilden, mit denen sich die organisierte Regierung auseinandersetzen muss. (*The New York Times*, 8. März 1925)

In der gesamten Geschichte hat niemand so gegensätzliche und intensive Emotionen hervorgerufen oder so viel Bewunderung, Furcht und Hass der Menschheit geerntet. (*Napoleon*, Hebert Fisher)

Ein Mann, Napoleon, der ohne jeglichen Vorteil von Reichtum oder hoher Abstammung geboren wurde, übernahm die Weltherrschaft, bevor er 35 Jahre alt war, und beendete seine Karriere der unübertroffenen romantischen Unmöglichkeit im Alter von 46 Jahren (*How Great Was Napoleon?* Sydney Dark).

Abschließend ist es erstaunlich, dass dieselben Führer der globalen Elite, die die Macht haben, Kriege zu ihrem eigenen Vorteil anzuzetteln, auch ehemals wichtige nationale Führer brechen und in die Dunkelheit verbannen können, die sich ihren großen Zielen widersetzen, insbesondere ihren Plänen, eine Neue Weltordnung innerhalb einer diktatorischen Weltstruktur zu errichten. Sofern keine Gegenwehr gegen diese Pläne möglich ist, könnte die Welt bis 2025 sehr wohl in die Dunkelheit einer brutalen Diktatur gestürzt werden.

Bereits erschienen

DIE ROTHSCHILD-DYNASTIE

www.ingramcontent.com/pod-product-compliance
Lightning Source LLC
Chambersburg PA
CBHW070917180426
43192CB00037B/1553